口に出せない気持ちをわかってほしい

思春期の女の子が親に求めていること

親と子の
心理コミュニケーション協会 代表
中野日出美

大和出版

はじめに　今、思春期の娘さんのことで悩んでいるあなたへ——

この本を手にとっていただきまして、どうもありがとうございます。

「親としては好きだけど、人としてはあまり好きじゃない」

当時、中学生だった娘から言われたときは、しばらく言葉が出てきませんでした。私の娘が不登校になったのは、中学３年生のときのことでした。子どもの頃から穏やかな性格で、友だちとケンカをすることもなく、成績も優秀。家でも、とくにこれといった問題はなかっただけに、親としては戸惑い、焦りました。

原因は、友人関係でした。

受験を目前に控えていたため、１日でも早く、もとのように登校してもらいたいという思いと、学校や相手の女の子たちに対する怒りと不信感でいっぱいでした。

と同時に、日に日に気持ちをこじらせていく娘に何もしてやれない自分が情けなくて、しかたありませんでした。

何とかしなければと、必死で教育関係の本や子育ての本を読み漁りました。

どれもこれも、ごもっともな内容で、納得できるものばかりでした。

しかし、私が求めている答えは書いてありませんでした。

それでも私は、娘を助けたい一心で、何とか立ち直らせようと、励ましたり、諭したりしていたと思います。

そんなときに、娘から言われた一言が、冒頭の「親としては好きだけど、人としてはあまり好きじゃない」でした。

頭をハンマーで殴られたかのような衝撃です。

「なんで？　親として一生懸命やってきたのに……。親としては好きだけど、人としてはあまり好きじゃないって、どういう意味？」

もちろん、怖くて娘に直接聞くことはできませんでした。

でも、今ならば、はっきりとわかります。

あの頃の私は、たしかに世間的には「いい親」だったかもしれません。

でも、１人の人間としては……。

あれから心理学や潜在意識を扱う心理療法を学び、今では1人の人間を育て上げるには、小手先の対症療法では、けっして解決できるものではないということが、はっきりわかります。

当時の私は、一般的な育児の理想論に振り回され、親としての責任を果たすことばかりに気をとられていました。

しかし、子どもが問題を抱えたときに本当の意味で必要なのは、もっと問題の本質に踏み込んだ親のかかわり方であり、親自身も1人の人間として自分自身と向き合うことだったのです。

私が20年来研究している、交流分析という心理学では、「人はどう生きるかを、子ども時代に親の言動、生き方から学ぶ」と言われています。

つまり、子どもが抱える問題の多くは、親から学んだ生き方ゆえのものなのです。

したがって、思春期の子どもがつまずいたときには、ただ起こしてあげればいいというわけではありません。

親もまた、何かに気づく必要があるということなのです。

娘が不登校になったとき、私は娘を起き上がらせようと躍起になっていました。

しかし、それではダメだと気づいた私は戦略を変えました。

私自身と向き合うとともに、娘の心の深い部分に働きかけられる方法を使うようにしたのです。

その方法は、現代催眠やＮＬＰという心理療法で使われているものです。

以来、私は20年近く、交流分析の理論と現代催眠、ＮＬＰの手法を応用したセラピーを３０００人以上の方々に提供してきました。

この方法ならば、上っ面のものではなく、子どもの心に染み込むような対応をすることができます。

また、それだけではなく、子どもの人生を明るい方向へとシフトできる力もあります。

いわゆる小手先の対症療法ではなく、根源的な対処法だということですね。

今では、思春期のお子さんをもつ、たくさんの親御さんたちにもその方法をお教えし、実行していただくようになりました。

あなたは、もしかすると「えー？　それって、何だか胡散臭いものじゃないの？」などと疑われているかもしれませんね。しかし、本当にこの方法でたくさんの親御さんとお子さんの関係や人生が好転しているのです。

ここで、ほんの少しだけ、その「喜びの声」をご紹介いたしましょう。

●中2の娘がリストカットしていることに気づいたときに、主人は娘をきつく叱りました。私もずいぶん娘に教え諭したと思います。でも、娘はどんどん自分の世界に引きこもっていくばかりでした。しかし、先生にお世話になってからは、だんだんと私たち夫婦の意識が変わり始めました。今でもまだ心配なところはありますが、親としてしっかりと子どもを支える自信があります。どうもありがとうございました（Yさん、39歳）

●娘がいじめを受けて学校に行けなくなってから、ついつい夫や下の子にも当たってしまい、家族全体の空気が重たくなっていました。しかし、先生にそれではダメだと言われ、たくさんのアドバイスをいただきました。今では、あの頃が嘘のように娘は元気に学校に通い、家族みんなの笑顔が増えました。本当にありがとうございます（Kさん、45歳）

●娘に反抗され、「嫌われている自分はダメな母親」だと情けない気持ちでいました。そのときは、娘と一緒にいるのが苦しいくらいでした。だからつい、知らず知らずのうちに娘と距離を置いていたかと思います。それを先生に指摘され、ハッとしました。娘を愛している気持ちに嘘はないと自信をもち、頑張ってきました。娘からはその後、「あのときはごめんね」という言葉をもらいました。思わず泣いてしまいました（Mさん、40歳）

●娘が口をきいてくれなくなったのは中学生くらいからです。いつかこんなときが来るかもしれないと覚悟はしていましたが、父親としては想像以上にきつかったです。ついつい、娘に煙たがられるようなことを言ってしまい、ますます嫌われるという始末……。ところが、先生からアドバイスをいただき、実行したところ、数カ月後だったでしょうか。娘から話しかけてきてくれて、びっくりするやら、嬉しいやらでした（Nさん、50歳）

●中学生の娘が摂食障害になってから、私にとっては地獄の日々でした。どうやっても食べようとしない娘に腹が立ったりすることもありました。でも、先生に言われ、私自身を癒し、許すことができると、娘に対する気持ちも変わってきました。すると、娘の体重も少しずつ増え始めたのです。まだまだ先は長いですが、きっと大丈夫だと信じられるようになりました（Sさん、42歳）

ほんの一部しかご紹介できませんが、このようにどの方も事態を好転させているのです。

さて、ここでとても大切なことをお話ししておきたいと思います。

まず認識していただきたいのは、親だって1人の人間であるということです。

ときには、誰よりも愛している娘に対して怒りを感じたり、わかり合えない関係にオロオロしたり、よかれと思ってやったことが裏目に出たり、といった具合に失敗することもたくさんあるものです。

そんなとき、親としての自分を責め、子どもに申し訳なく思うこともあるでしょう。なぜ自分がこんなに苦労しなくてはいけないのかとうんざりすることもあることでしょう。

それもこれもみな、心から子どもを愛しているからです。

誰よりも子どもを愛し、自分のこと以上に心配しているからこそ、親は心を痛め、ときに夜も眠れないほどおびえたり、憤りを感じたりするのです。

そんな親御さんの気持ちは痛いほどよくわかります。

この本には、心理学と潜在意識に働きかける心理療法を応用した、思春期の女の子への働きかけ方がたくさん書かれています。

しかし、どれもこれも、次の2つのことをしっかりやるための手段にすぎません。

1つは、誰よりも愛していることを娘さんの心にしっかりと伝えること。

そして、もう1つは、娘さんのためにも、親であるあなた自身が幸せになること。

この2つが、娘さんの心や体、人生にはとても大切なことなのです。

「え？　どういうこと？」と思われたかもしれないですね。

おそらく、この本を読み終わる頃には、その意味をわかっていただけると思います。

この本を手にされたあなたが、大切な娘さんとともに温かな人生を手にされることを心よりお祈り申し上げます。

親と子の心理コミュニケーション協会　代表　中野日出美

口に出せない気持ちをわかってほしい

思春期の女の子が親に求めていること

目次

序章

思春期は、それまでの子育てをやり直す最後のチャンスです

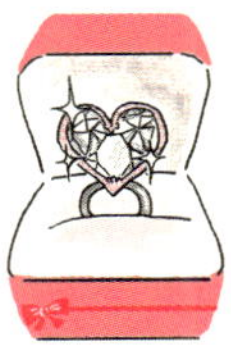

第1章
女の子は早熟なだけに細心の目くばりが必要です――心と体の問題

第2章

「女子の戦場」を生き抜くにはコツがあります——人間関係の問題

which??

第3章

将来、「自立した女性」になるためにも大切です――勉強の問題

送っていたとします。そして、それは10年前のあなたからの、ある働きかけが原動力だったと、お子さんから言われたとしたら、あなたは何をしたと思いますか？」

第4章

「ほどよい距離感」はこうすることで生まれます――親子関係の問題

第5章 傷を広げないためにも、ここが親の正念場です――危険行動の問題

終章

思春期の女の子に親が与えるべき5つの力と、してはいけない11のこと

本文デザイン：村﨑和寿
本文イラスト：sayasans

序章

思春期は、それまでの子育てをやり直す最後のチャンスです

思春期の女の子の心と体はアンバランスで、とても繊細。
大人でもない、子どもでもない。
自立と依存のはざまにいる女の子は葛藤でいっぱい！
さらに女の子を取り巻く環境は危険がいっぱい！
まさに女の子の思春期は、
親にとっては子育ての正念場です。
だからこそ、この時期は子育てをやり直す
最後にして、最後のチャンスでもあるのです。

1 ご存知ですか？ 思春期の女の子の特徴

いろいろな面で悩みが尽きないのが思春期の女の子

男の子であれ、女の子であれ、思春期の子どもの不安定な感情や友人関係、勉強などに関する問題に親は戸惑い、混乱するものです。

とくに女の子は男の子に比べ、心も体も早熟であるため、早くからさまざまな問題を抱えがちです。

そこで、まずは思春期の女の子の特徴にはどんなものがあるのか、代表的なものを見ていくことにしましょう。

① 体が急激に変化し、感情も不安定になりがち

女の子が思春期に入るのは、だいたい10歳くらいだと言われています。

その頃になると、体は丸みを帯び、わき毛や陰毛が生え始め、乳房も突起し出します。

身長は、ほぼ150センチくらい、体重は40キロくらいが、初潮が始まる目安と言われています。

もちろん、これらの成長具合は個人差があるので、同じクラスの女子同士でも成長の早い子、遅い子はそれぞれ羞恥心や不安を抱えやすい時期です。

また、体の急激な変化による戸惑いだけではなく、ホルモンの影響で感情が不安定になり、ささいなことで怒ったり、泣いたりすることも増えます。

②複雑な人間関係に悩む

思春期に入ると、それまでは家族中心だった人間関係が、友だち中心へと変わってきます。

その関係性も単純ではなく、目には見えない上下関係や心理戦が始まることに……。

とくに、いじめ問題や女子のスモールグループ内でのもめごとは、「女子の戦場」と化すことも多々あります。

これらは、女の子にとってかなりのストレスとなります。

③成績に関する悩みが増える

人間関係のゴタゴタだけではなく、成績の順位づけが明確になるのもこの時期です。

できる子とできない子の差は、クラスにおける立ち位置や自尊感情にも影響を及ぼします。

この時期の男の子がグンと成績を伸ばすケースが多い一方、女の子は勉強につまずき、自信を失い、将来のセルフイメージまで下がってしまうケースも多々あります。

④傷つき、傷つけられやすくなる

思春期の女の子の心は、まるでガラス細工のように繊細です。

まだまだ自我が脆弱で自分探し、自分づくりの真っ最中にいる思春期の女の子は、他人からどう見られているのかということに、とても敏感です。

ささいなことで傷ついたり、自己肯定感の低さから、自分自身を知らず知らずのうちに傷つけてしまうこともよくあります。

さらには、世の中には思春期の女の子をターゲットにした犯罪などの危険がいっぱい。

何でも話してくれるというわけではなくなった娘をどう守るかが、親としての大きな課題の1つになります。

⑤親からの自立と依存のはざまで葛藤している

何かにつけ不機嫌になったり、反抗的で扱いにくくなるのも、この時期です。外では目いっぱい気を遣っているのに、家では口をきかなくなったり、親を批判したりすることもあります。

親を1人の人間として見るようになり、父親をうとましく感じたり、母親の女性としての生き方に反感をもつこともあります。

「大人として認められたい」という思いと、親に依存しなければまだ生きていけない立場や無力感のはざまで、心はつねに葛藤しています。

親としても危うく、扱いにくい娘にどう対応していくのか思い悩むところです。

以上が、思春期の女の子の代表的な特徴です。

次の項目では、この思春期の女の子に対して、親としてとるべき基本的なスタンスについて説明していくことにしましょう。

2 思春期の女の子に親がとるべきスタンスは3つある

思春期の女の子はとても危うい

思春期には、女の子にとっての危険がたくさん潜んでいます。

いじめや女子同士の心理戦はもとより、将来への不安、容姿やスタイルへの過剰なこだわり、恋愛への興味が、さまざまな問題を発生させる可能性もあります。

また、現代ではネット犯罪や性犯罪に巻き込まれる危険性も高いため、思春期は女性の人生の中で最も危険と言える時期です。

さらに、自己に対する信頼感が低い思春期の女の子は、自傷や摂食障害など、自分自身を傷つけてしまう行動をとる場合もあります。

このように他者から傷つけられるだけでなく、自分自身を傷つける危うさをもっているのが、思春期の女の子なのです。

私自身、20年にわたる心理セラピーの現場で、思春期のすごし方が女性の将来に与える影響の大きさにいつも驚かされています。

女の子が、その後、自分らしく自由で幸せな人生を歩むのか？
または、他人に振り回されながら後悔の多い人生を歩むのか？

それは、まさにこの時期に決定すると言えるのです。

◆通り一遍のかかわり方では問題は解決しない

女の子にとって、とても重要な意味をもつ思春期ですが、いったい私たち親には何ができるのでしょうか？

私の娘はとてもおとなしくて素直な、いわゆる手のかからない子でした。

思春期になっても、さほど反抗することのなかった娘に問題が浮上してきたのは、中学生のときのことでした。

家庭でも学校でも「いい子」であった娘が、人間関係で大きな問題を抱えてしまったのです。

私が「親からしてみれば完全ないじめである」と訴えても、学校側や相手の女の子たちはまったく認めてくれないため、娘は完全に学校に行けなくなってしまいました。

親としても、心配で眠れない夜が続く毎日。

当時は、いつも「いったい、どうしてこんなことになってしまったのだろう？　育児書どおりに育てたはずなのに。親として何を間違えたのだろう？」と悶々としていたものです。

その後、紆余曲折を経て、娘は何とか学校に行けるようにはなりましたが、心理学や潜在意識のことを学び、心理セラピストとしてたくさんの親子関係にかかわってきた今ならばわかります。

それは、思春期の女の子に対する親のかかわり方は、通り一遍のものではいけない、ということ。

と同時に、親自身が1人の人間として成熟し、柔軟に個々の問題に対応できるだけの知恵と表現力を身につけなければならない、ということです。

「何だか大変そう」と思われたかもしれませんが、大丈夫です。

この本には、私が娘と息子の2人を育てた1人の母親として、また、日本で最も潜在意識に深くかかわる心理セラピストとして知り得たことのすべてを盛り込んであります。

この本を1冊、読み終えた頃には、親として何をすればいいのかが明快にわかるようになっているので、ぜひ期待しながら読み進めていってください。

◆わが子に寄りそうとき、向き合うとき、抱きしめるとき

さて、さまざまな問題を抱えている思春期の女の子ですが、それまでのように、あれやこれやと手出し口出しするわけにはいきません。

とはいえ、まだまだ子どもなのも事実。

親として教えなければならないことはたくさんあります。

ときには、しっかりと叱る必要もあるでしょう。

しかし、この見守るときと叱るときの見極めは、けっこう難しいものです。

見守ることと放任することは違いますし、叱ることと怒ることも違います。

また、何よりも忘れてはならないのは、見守っているときも、叱っているときも、いいえ、どんなときであっても、子どもを心から愛していることを伝えることです。

つまり、子どもの問題や状況に応じて、親は子どもとの適切な距離を見極め、ふさわし

いかかわり方をしなければいけないというわけです。

私は、思春期の子どもとは、おもに3つのスタンスでかかわる必要があると思っています。

1つ目は、子どもを温かく見守りながら、そっと「寄りそう」というスタンス。
2つ目は、しっかりと子どもと対峙する、つまり「向き合う」というスタンス。
そして、3つ目が子どもの心をしっかりと「抱きしめる」というスタンスです。

順に説明していくことにしましょう。

まず、「寄りそう」は、今まさに大人になろうともがき、あがいている子どもから心は離さず、子どものチャレンジを温かく見守るということです。

「向き合う」は、ときに子どもの目の前に立ちはだかり、目を合わせ、教えたり、叱ったりしながら、親自身もまた問題と向き合うということです。

そして、「抱きしめる」は、理屈抜きで子どもの心や存在そのものをすっぽりと抱きしめてあげるということです。

この本では、思春期の女の子が心と体、人間関係、勉強などなど、それぞれの領域で抱えがちな問題を取り上げ、その問題の本質や対応の仕方をお話ししています。

その中では、「寄りそう」「向き合う」「抱きしめる」のどれを意識して対応すればいいのかについても、できる範囲で言及してあります。

もちろん、問題によっては、「寄りそう」と「向き合う」の両方が必要というように、柔軟な対応が必要になることもあります。

また、必ずしもすべてのお子さんのケースに当てはまるというわけではありませんが、たくさんの問題への対応を知っていただくうちに、わが子ならではの対応がそれぞれつかめるものと思っています。

いずれにしても、各項目を「寄りそう」「向き合う」「抱きしめる」のどれに該当するかを念頭に置いて読み進めていただければ、その効果はグンとアップすることでしょう。

3 親が子どもの人生に与える影響はこんなにも大きい

人は潜在意識にある人生のシナリオどおりに生きる

交流分析という心理学では、人は幼少時の親とのかかわり方によって、「自分はどのような存在であり、人生をどう生きるか」をすでに心の奥底で決めていると言われています。

それはまるで、映画やドラマのシナリオのように、「このように人とかかわり、このように生き、死んでいこう」とまで書き込まれているので、「人生脚本」などと呼ばれています。

「人生脚本」は潜在意識の奥底にあるものなので、基本的には自分の人生のシナリオがどのようなものなのかを知ることはできません。

しかし、まるで魔法の呪文のように知らず知らずのうちに、私たちはそのシナリオどおりに生きています。

この「人生脚本」の素となるのは、親から子どもへの言語、非言語のメッセージ、そして、親自身の生き方です。

つまり、子どもは親から受け取ったメッセージと親の生き方を見ながら、自分の「人生脚本」を書き上げていくのです。

「人生脚本」は幼少時代につくり上げられていきますが、私は長年のセラピー体験から、そのシナリオを使ったリハーサルが行われるのは、思春期の頃だと実感しています。

したがって、思春期でのリハーサルがうまくいけば、人生全体がそのシナリオどおりに進むでしょうし、うまくいかなければシナリオを書き換えることになるかもしれません。

もちろん、幼少時に書き込まれた「人生脚本」が、子どもの人生にとって幸せなものであれば、リハーサルが順調に進むように、親はその手助けをすればいいでしょう。

しかし、もしも「人生脚本」が子どもを不幸な結末へと向かわせるものだと感じたら、思春期でのリハーサルを通して、幸せな結末であるシナリオに書き換える必要が

あります。

つまり、親は子どもが思春期のうちならば、まだ子どもの「人生脚本」をよりよく書き換えるお手伝いができるということなのです。

◆まだまだ勝負はこれから！

思春期は子どもの人生にとって、とても大切な時期だということをおわかりいただけたでしょうか。

見方を変えると、子どもの思春期は親にとって、後悔や罪悪感を残していた子育てのリベンジができる時期でもあります。

拙著『女の子の育て方――子どもの潜在意識にこっそり〝幸せの種〟をまく方法』（大和出版）では、主に思春期までの子どもの潜在意識に親としてどうかかわるかについてお話しさせていただきました。

実際、思春期までの子育ては、子どもの「人生脚本」をつくってしまう、とても大切な時期です。

では、その時期をすぎ、思春期になってしまったら、もうすでにとき遅しなのか？

もちろん、そんなことはありません。

前述したとおり、私は３０００件以上の親子関係のセラピーから、思春期の子どもとのかかわり方は、子どもの「人生脚本」を書き換えるだけの影響力をもつものであると思っています。

だから思春期のお子さんをおもちのあなた。

ぜひとも悔いのないように、しっかりとお子さんとかかわってあげてください。

ちなみに、思春期の子どもとのかかわり方で最も大切なことは、とってつけたような上っ面のかかわり方ではなく、子どもの心の奥深くにまで働きかけることです。

親がいくら子どもの心に寄りそい、向き合い、抱きしめているつもりであっても、それが子どもに伝わっていなければ意味はありません。

この本では、子どもの心にしっかりと寄りそい、真剣に向き合い、子どもの存在自体をすっぽりと抱きしめる方法をお話ししています。

きちんと実践していただければ、必ずあなたの思いはお子さんに伝わりますので、どうぞご安心ください。

◆親と子は合わせ鏡のようなもの

子どもの幸せを願わない親はいないでしょうし、親ならば自分のこと以上に子どもを心配し、子どものためならば何でもしてあげたいと思うことでしょう。

かつて、私の娘がいじめにあい、不登校になってしまったときのことです。

当時の私はただ困惑し、相手の女の子たちや学校に憤りを感じ、親として無力な自分にイラだっていました。

「親としてできることはすべてしているのに、いっこうに娘の問題は解決しない……。いったい、何をすればいいというんだろう?」

まさに暗闇の中でもがいている、という状態でした。

今、思えば当たり前のことです。

何しろ、私は一番大切なことを知らなかったのですから。

では、一番大切なこととは何か?

それは、親と子どもはまるで合わせ鏡のようなものであり、親が心に傷を抱えていたら、

何らかの形で、それは子どもの問題となって表れるということです。

一見したところ、何の関係もないように思える親の心と子どもの問題が、実際には深く関係している――。

私は、心理学や潜在意識を学び、たくさんの親子関係にかかわらせていただいた経験から、このことに気づくことができました。

つまり、癒されていない私に育てられた、私の娘の潜在意識には、「自分らしく楽しみながら生きてはいけない」という「人生脚本」が書き込まれていたのですね。

しかもその脚本は、上っ面の世間一般的な親の対処法だけでは、書き換えることはできないものでした。

「親である私自身が癒されておらず、心の奥深くの傷を抱えたままでは、娘の『人生脚本』を書き換えることなんて、とうていできない。だから、まず私がするべきことは、自分の心の傷を癒すことなのでは？」

こう思った私は、それから積極的に自分の心の傷と向き合いました。

具体的には、イメージの中で、私の潜在意識の中にいる子ども時代の「小さな自分（インナーチャイルド）」と対話をしたのです。

これは、私のセラピーの中では「インナーチャイルド療法」と呼んでいるものです。

私にとっては正直、しんどく、つらいものでした。

当時はイメージの中の「小さな自分」に会うたびに泣いていましたが、私の心の傷は徐々に癒されていきました。

するとどうでしょう。

まずは私自身の子どもたちへの気持ちや態度が明らかに変化し始めました。

次に、傷ついていた自分に気づき、認め、癒すようにしているうちに、私自身の人生が大きく好転し始めました。

そして、それと同時に、娘のさまざまな問題もまた好転していき、娘は翌年、無事高校生になることができたのです。

この成功体験で自信をもった私は、それからは積極的に、お子さんの問題を抱えているクライアントさんに対して、その問題への対処法をご提案するのと同時に、クライアントさんご自身の心の傷に気づき、癒すこともしていただくようになりました。

すると、クライアントさんの人生が変わっただけではなく、お子さんの問題も解決していったのです。

一見、子どもの抱えている問題とは何の関係もないように思える親の心の傷ですが、じつは密接に関係しています。

したがって、この本では、お子さんの問題への対応の仕方だけではなく、あなたの心の傷を癒すページもご用意しました。

ぜひとも、愛する娘さんのためにも、あなた自身がご自分の心の深い部分と向き合い、癒されていただきたいと思います。

4 思春期の女の子が抱えがちな問題は5つの領域に分けられる

さあ、準備はよろしいですか？

この本は、まず思春期の女の子が抱えがちな問題を5つの領域に分け、それぞれを第1章から第5章までにまとめています。

さらに終章では、親が子どもに与えるべき5つの力と、親がしてはいけない11のことについて説明させていただきました。

第1章　心と体の問題
第2章　人間関係の問題
第3章　勉強の問題
第4章　親子関係の問題

第5章　危険行動の問題
終　章　親が思春期の女の子に与えるべき5つの力と、してはいけない11のこと

第1章では、繊細で傷つきやすい思春期の女の子の心と体の問題について。

第2章では、「女子の戦場」とも言える思春期の女の子を取り巻く人間関係について。

第3章では、女の子の将来の人生に直結する勉強にまつわるさまざまな問題について。

そして、第4章では、最も頭を悩ませる日常の親子関係について言及しています。

第5章では、親が必ず押さえておくべき、思春期の女の子特有の危険行動への警鐘とその対策についてまとめてあります。

それぞれの章では、子どもが陥りがちな問題について個別に取り上げ、思春期の女の子が潜在意識レベルで望んでいることや、女の子にとって必要なかかわり方について、さらに親の対応の仕方について説明させていただきました。

また、各章の最後には、親であるあなたへのメッセージや、親の心の傷を癒すワーク、そして親であるあなたの潜在意識に働きかける「もしもの質問」をご用意しました。

この「もしもの質問」は、質問に答えようとするだけで、あなたの潜在意識を刺激し、

知らず知らずのうちに、娘さんをさまざまな問題から遠ざけ、より成功の人生へと導くものです。

ぜひ、お1人で、またはご夫婦で、ときには娘さんもご一緒に、ユーモアも交えながら楽しんで質問に答えていただければ、よりよい効果が期待できます。

さらに終章では、女の子が思春期のうちにぜひとも与えておきたい5つの力と、親がけっしてしてはいけない11のことについてお話ししています。

この本には、私が思春期の娘の子育てをしていたときには、なかなか気づけなかったことや、一般の子育て本には書かれていないことも、できるだけ盛り込みました。

この本のどの章かが、またはどの項目かが、いいえ、どこかの1行が、あなたの心に響き、娘さんの人生が輝くきっかけとなってくれることを願ってやみません。

第1章

女の子は早熟なだけに細心の目くばりが必要です

——心と体の問題

思春期の女の子の心と体は
ガラス細工のようにナイーブで、壊れやすいもの。
傷つかない、傷つけられない女性になるためには、
心や体の守り方を教えておく必要があります。
そのために、絶対に必要なのが「自己肯定感」です。

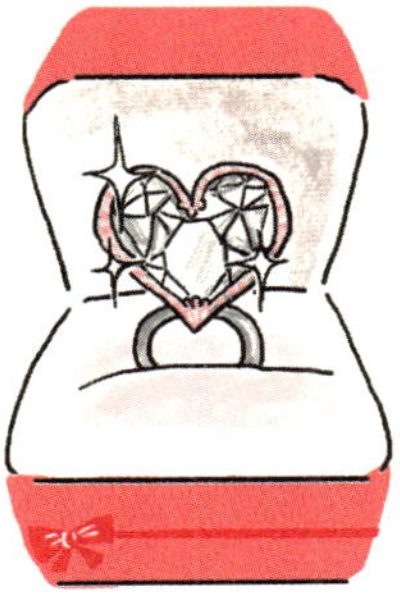

1 体の成長に戸惑っている

「あら、マキコったら、最近胸が大きくなってきたんじゃないかしら。でも、まだまだ子どもだから……」

マキコちゃん（小6）は、ちょっとだけ胸のふくらみが目立ってきたので、ブラジャーをつけたほうがいいのかなと思っていますが、お母さんには言えません。

一般的に女の子の心や体は、男の子よりも数年早く成長し始めます。

早い子だと小学4年生くらいには胸がふくらみ始め、陰毛やわき毛が生え始めます。

そして、それから1、2年くらいの間には初潮を迎えることに。

たくさんの女性のセラピーをしていてわかったのは、初潮の前後に体の発育のことで恥ずかしい思いをした人がとても多いことです。

怖いのは、大人になってからも、女性としての自信や生き方にそれが大きく影響することもあるということです。

初潮が来たことに気づかずに洋服を汚してしまって、親から注意された。

生理が来たことを友だちに言えず、学校でナプキンを取り替えられなかった。

胸が大きいことや小さいことで男子にからかわれた。

大人になってからはどうってことのないようなできごとに思われますが、思春期の女の子にとっては、いたたまれないような経験なのです。

実際、これらが原因となり、女性らしい体つきや振る舞い、おしゃれなどに抵抗を感じるようになることさえあります。

このような体験をしている女性に多いのは、親から潜在意識に「女であるな」というメッセージを知らず知らずのうちにもらっているケースです。

たとえば、親が「本当は男の子がほしい」と思っていた、父親が母親をバカにし

ていた、母親が女の子らしい振る舞いを嫌っていた、などといったメッセージが子どもに伝わった可能性があります。

そうすると、子どもは無意識に「大人の女性になってはいけない」と決断します。

そして、胸が大きくなり始めたり、体が丸みを帯びてきたりすると、自分を嫌悪したり、隠そうとするようになるわけです。

また、母親も娘が大人になることを無意識に嫌悪、否定していると、娘の成長に気づかないケースもあります。

そのせいで、心の準備がちゃんとできないまま、初潮を迎えることになったり、胸が大きくなりブラジャーが必要になっているのに、親に隠そうとしたり……。

このように、大人になってからもトラウマとして残ってしまうような体験をしてしまいがちです。

体が急激に女性らしく成長する思春期の女の子に必要なことは、親がその成長を認め、心から喜び、適切な処置や対応を教えてあげることです。

とくに母親からのメッセージは、女の子にとって「女としてどう生きるか」という教えになります。

いくら口で「女性は素晴らしい」と言っていたとしても、母親自身が1人の女性として満足し、幸せに生きていなければ、女の子の潜在意識には「女はつまらない、不幸になる存在だ」というメッセージとなって伝わります。

このように非言語のメッセージは、言語のメッセージよりも影響力をもっているものです。

また、子どもは同性の親をモデリングします。

だから、女の子の場合はとくに母親がどのような生き方をしているのかが大切です。

もしも、お母さんが自分自身の生き方に「ちょっと自信がないな」と感じているようなら、「お母さんは、これまで十分に女性として楽しめなかったけれど、これからはどんどん楽しむつもり。あなたも、これから女性らしい体つきになっていくけれど、それはとてもワクワクすることだから、ちっとも恥ずかしがることはないのよ」と言ってあげてはどうでしょう？

そして、ブラジャーの必要性やナプキンの上手な使い方なども、しっかり教えてあげてください。

2 何かしらの性の問題を抱えている

「ボーイフレンドができたみたいなんだけど、帰りが遅いし、何言っても聞かないし……。もう放っておくしかないわね」

ミサトちゃん（高1）のボーイフレンドは、2歳年上の高校3年生。

彼はキス以上のことを求めているようですが、ミサトちゃんはどうしたらいいか迷っています。

娘をもつ親にとって、最も心配なのが「性被害」にあうことです。

実際、私のクライアントさんの中にも、思春期の頃に性被害にあった人が驚くほどたくさんいます。

それらのほとんどは、警察にも親にも言えず、心の傷として残り、大人になってからも、女性としてのアイデンティティーに影響し続けているようです。

公にされているレイプや痴漢なども年々増加していますが、じつはその陰で何十倍もの女の子たちがひどい目にあっています。

しかも多くの場合は、加害者は見知らぬ人ではなく、知っている人です。

ボーイフレンドや友だち、友だちのお兄さん、いとこ、先生……。

誰もが加害者になり得る可能性があることに驚きます。

中でもおぞましいのは、父親、祖父、兄、伯父（叔父）などの血縁者から性的な嫌がらせを受けるケースです。

そうなると、思春期の女の子にとって、もはや安息の場はありません。

身を守る術をもたない女の子は、ただじっと身を固くし、心を虚ろにし、時間がすぎるのを待つしかないのです。

不幸にしてこのような被害にあった女の子は、男性不信、セックス恐怖症、セックス依存を含むさまざまな依存症、自傷、摂

食障害、うつ病など、大きな問題を抱えることも少なくありません。

そのようにわかりやすい問題ではなくても、「自分は汚い」「自分はダメだ」など自己嫌悪や自己否定が強まる場合も多々あります。

また、小学生や中学生など、思春期のはじめに性被害を受けると、さらにその後の人生に影響を及ぼしやすくなる、という傾向が見られます。

たとえば、つき合っている彼に簡単に体を許してしまう。

性被害を受けてしまいそうな行動を自ら選んでしまう。

自分を傷つけそうな男性を無意識レベルで選んでしまう。

こういったことに陥りがちになるのです。

その背景には、性被害を受けたことによって、潜在意識に「自分は大切な存在ではない」「自分は傷つけられてもいい人間だ」というメッセージが刷り込まれてしまったということがあるのかもしれません。

それだけではありません。

親が子どもの存在そのものをありのまま受け入れ、認め、愛してあげられなかった場合は、子どもはさらに「自分は価値のない存在だ」と思い込むようになります。

子どもが何かしらの性の問題を抱えていたら、親はまず、子どもの心の傷や寂しさを受けとめてあげましょう。

「お母さんはもしかすると、あまり上手にあなたに愛情を示せなかったのかもしれない。ごめんね。でも、誰よりも大切に思っているよ。だから、あなたも自分を何よりも大切にしてほしい」と正直に伝えてあげるのもいいかもしれません。

3 感情が不安定である

「すぐに感情的になって、イライラして怒り出したかと思えば、泣き出したり……」

タエコちゃん（中2）のお母さんは、泣いたり怒ったりが激しいタエコちゃんにほとほと困っているようです。

思春期は、心と体が大人になるための準備期間です。

ただし、急激に体は成長していきますが、心の成長は追いついていけません。

ましてや現代では、初潮期は低年齢化していきながら、思春期が終わる時期は遅くなっていると言われています。

つまり、精神的な成長が遅れ、真の大人として自立するまでに時間がかかるということです。

思春期が長いということは、感情が不安定な時期も長くなると言えるかもしれません。

したがって、親はある程度は受容し、見守ってあげる必要があります。

しかし、だからといって放任していいというわけではありません。

すぐに怒り出し、周囲に当たる。小さなことでも、ひどく落ち込む。何でも不安になる。

このように過剰で不適切な感情は、潜在意識にある「自分には適切に問題に対処する能力がない」という思い込みのせいでもあります。

怒りを感じたとき、どうしたら自分を守れるかと考える力。

悲しみを感じたとき、どうしたら上手に悲しみをリリースできるかと考える力。

不安を感じたとき、どうしたら災いを防げるかと考える力。

これらの力が自分にはないと思い込んでいるのです。

だから親は、子どもが感情的になったときに、まずは「そうか」と受容し、「わかるよ。つらいよね」と共感してあげてください。

そして、「じゃあ、どうしたらいいか考えよう」と促してあげるのです。

そうすることで、たとえ少しずつではあったとしても、子どもに「考える力」が身についていくことでしょう。

4 顔やスタイルへのこだわりが強すぎる

「うちの子、プチ整形したいって言うんですよ」

中2のユミエちゃんは、一重の目を二重にして大きくし、唇もぷっくりさせたいので美容整形をしたいと言い出しました。

思春期になると、自分の容姿にこだわりが出てくるためなのか、アイドルやモデルたちのような顔やスタイルにあこがれ、ダイエットを始めたり、美容整形を望む子が多く出てきます。

実際、一昔前とは違って今では、美容整形をする人はどんどん低年齢化しています。

私は、個人的には美容整形を否定するつもりはありません。

整形をすることで自信をもち、イキイキと生きられるのなら、むしろ素晴らしいことだとさえ思います。

しかし、中には、1回の手術では満足できず、何度も何度も整形を繰り返す子や、そのあげく、整形した個所が気に入らずに、後悔する子が後を絶ちません。

こういう子たちの潜在意識には、「ありのままの自分では認めてもらえない」「女はきれいだからこそ価値がある」というような思い込みがあるようです。

もしかすると、母親が自分の生き方や仕事などよりも、年に似合わぬ服装やメイクをして、いつまでも若いことにこだわり続けている姿を見ていたせいで、「きれいでかわいい女こそ価値がある」と刷り込まれてしまったのかもしれません。

若く、美しいのはいいことですが、まずは、子どもに外見よりも本質を育てることの意義を教えたいものです。

何より大切なのは、「え？　お母さんはあなたの目ってすごくキュートだと思うけどな。その目を変えるなんてもったいないよ」と、子どもの顔やスタイルを認め、よさを教えてあげることです。

そのうえで、顔やスタイルだけではなく、その子が一生、自信をもっていられるような個性や能力を伸ばすことに力を注いであげることこそが親の役割だと私は思います。

5 自己肯定感が低い

「もう、ユカったら、すぐに『どうせ私なんか』って言うんですよ」

ユカちゃん（中3）は、自分に自信がなく、ちょっと失敗しただけですごく落ち込み、新しいことにもなかなかチャレンジしようとしません。

子どもが人生で成功や幸せをつかむために最も必要なものは「自己肯定感」です。

自己肯定感とは、「自分は価値があり、心から愛され、かつ愛することができる存在だ」という感覚です。

自己肯定感が低いと、自分も他人も信用することができず、人間関係でさまざまなトラブルを抱えることになりがちです。

また、自分を大切にすることも苦手なので、知らず知らずのうちに自らを傷つけるような行動を選択したり、自分を傷つけるような人を選んだりしてしまいます。

そもそも自己肯定感の基礎は、赤ん坊や幼少時の親とのかかわりの中で育まれます。

したがって、思春期の女の子が自分に自信がなく、すぐに「どうせ私なんて」「私にはできない」などと言うようならば、それは幼少時の親とのかかわりが原因なのかもしれません。

「じゃあ、もう手遅れじゃないの？」と思われたあなた。

大丈夫です。

たしかに子どもは小さければ小さいほど、親の影響を受けやすいものです。

しかし、人は何歳からでも変われます。

だから、仮に子どもが大きくなっていたとしても、親自身が変われば、子どもは必ずいい方向へと向かい始めます。

まず、手始めに、「あなたが生まれたとき、お父さんもお母さんも本当に嬉しくてね」「あなたが生きていてくれるだけで、お父さんもお母さんも幸せだよ」などと子どもの存在自体を喜んでいることを知らせてみてはどうでしょうか？

それだけで、子どもは自分の存在の大切さをあらためて認識するはずです。

6 完璧主義で何ごとにも頑張りすぎる

「うちの娘は真面目だから、勉強も部活も習いごとも、すべて頑張っています」

タカコちゃん（中3）は、生徒会の役員も務める、いわゆる優等生です。

負けず嫌いで、弱音を吐くこともありません。


親からしてみると、うらやましいような子です。

しかし、いつまでもこんなに頑張り続けられるものでしょうか?

大人でも、フルタイムで働いて、家に帰って家事と育児、土日は家族サービスとなれば、へとへとになります。

グチも言いたくなるし、「もうやめたーい!」と投げ出したくなるときもあるでしょう。

ストレスを吐き出すことをせず、ただひたすら毎日頑張り続けていたら、どこかで燃え尽きて、ゲームオーバーになりそうです。

現に完璧主義の頑張り屋さんほど、うつ病になったり、無力感にとらわれたりしがちです。

もしも、思春期の子どもがすべてを完璧にこなそうと頑張っていたら、潜在意識には「一生懸命努力し続けなければならない」「休んではいけない」「完璧じゃないとダメだ」という思い込みが入っているのかもしれません。

親が、何かと「頑張れ、頑張れ」「努力あるのみだ」と言っていたり、他の子どもと比べたり、自分には成し遂げられなかった夢を子どもに託していたりすると、子どもは頑張りすぎてしまう子になる可能性があります。

頑張るのは悪いことではありませんが、弛緩するときもバランスよくつくらないと、どこかでプツッと切れてしまいますし、失敗したときにひどく落ち込んでしまうことにもなります。

どうぞお子さんには、しっかりと休むことや、ダラッと気を緩めることも教えてあげてください。

その1つの方法として、ユーモアや笑いを家庭に取り込むことをおすすめします。

お笑い番組などを録画しておき、親子で一緒に楽しむのもいいでしょう。

親であるあなたへのメッセージ

小さな女の子には、たくさんの危険が待ち受けています。

女児が連れ去られ、変わり果てた姿で発見される事件は後を絶ちません。

これは、思春期の女の子も同様です。

公にされていないだけで、実際には多くの女の子が被害にあっています。

また、そのような事件に巻き込まれなくても、交際している彼に暴力を振るわれることもあります。

さらには、リストカットや摂食障害など、自分で自分を痛めつける問題行動も多く出てくるのが、思春期です。

人間関係で他人に振り回され、お酒や買い物、セックス、薬などに依存することもあります。

◆将来、傷つかない、傷つけられない女性にするために

誰からも傷つけられず、自分自身も傷つけない女性になるには、思春期をどうすごすかが大切です。

なぜなら、思春期に出てくる問題は、その後の人生に大きな影響を与えるとともに、思春期は人生全体の前哨戦のようなものだからです。

自分がどんな人生を歩むのかを潜在意識レベルで決めてしまうのは、とても幼い頃。しかし、セラピーをしていて思うのは、潜在意識レベルで決めた人生のシナリオを実践で試してみるのは、思春期だということです。

だから、もしも幼少時代に潜在意識レベルで破滅的な人生のシナリオを描いたとしても、思春期に起こる問題を上手に解決していくことで、幼少時代に決めた人生のシナリオを書き換えることは十分にできます。

それはまるで、グリム童話の「いばら姫」が生まれたときにかけられた「15歳の誕生日が来る前にお姫さまは死ぬ」という悪い魔法を、いい魔法使いが「死ぬのではなく長い眠りにつくだけだ」と書き換えたのと同じです。

誰からも傷つけられず、かつ自分も傷つけない女性にするために親ができることは、子どもの自己肯定感を育てることです。

これは、この本すべての章を通して私がお伝えしたい、最も大切なことです。

自己肯定感が高い子は、自分の心も体も、そして、他人も大切にすることができます。

思春期の子どもの自己肯定感を上げる方法は、この本の随所でお話ししていますが、その前にどうしてもお伝えしておきたいのが、親の自己肯定感が低ければ、子どもの自己肯定感も低くなってしまうということです。

そして、自己肯定感を上げるためには、潜在意識にある心の傷を癒すことが大切です。

だから、この本では、思春期の女の子が抱えがちな問題へのアプローチとともに、あなたが子ども時代に受けた心の傷も癒していきたいと思っています。

◆親が子ども時代に受けた心の傷を癒す

私はこれまで、心理セラピストという仕事を通じて、多くの親子の関係性を分析する機会をいただいてきました。

その結果わかったのは、じつは子どもが抱える問題の多くは、親が子ども時代に受けた心の傷と関係している可能性がとても高い、ということです。

実際、親の心の傷が癒されることによって、子どもの問題が自然と改善していくさまを、これまでに何度も見てきました。

そこで、以下に親であるあなたのためのワークをご用意しました。

どうぞ、試してみてください。

●あなたは、自分のことが好きですか？

●あなたは子どもの頃、親から無償の愛を注がれて育ったと思いますか？

●あなたの親は、あなたのことを肌で、心で愛してくれたと思いますか？

●あなたの親は、あなたが本当に望んでいることをしてくれましたか？

●あなたの親は、自分の人生よりも、あなたを育てることを優先してくれましたか？

もしも、この5つの質問に心から「YES」と答えられなければ……。

目をつぶり、小さな頃の自分をイメージしてみましょう。

●思い出の中で、最も親を必要としていたのに、親からの助けが得られなかったときはいつでしょうか？
●その頃の小さな自分はどんな表情をしているでしょうか？
●その子は本当は親に何と言いたいと思いますか？

その子のそばに寄りそい、手をそっと握り、抱きしめてあげてください。

そして、「寂しかったね。つらかったよね。泣いてもいいんだよ。ずっと頑張ってきたね。私はあなたのこと、よくわかっているし、大好きだよ。これから、もっともっと大好きになるよ」と言ってあげるのです。

その子が笑顔になったら、そのぶん心の傷も癒えていることでしょう。

子どもの心と体を守る〝もしもの質問〟

〝もしもの質問〟は、ただ答えようとするだけで、親である、あなたの潜在意識を刺激し、お子さんの心と体を守るための力をアップさせます。

「もしも、今、お子さんが生まれたときに戻り、魔法使いからお子さんの心や体を守るために1つだけ力をプレゼントしてもらえるとしたら、どんな力をもらいますか？」

いかがでしょうか?

「絶対に人から傷つけられない頑丈な心」「ガンにならないワクチン」「危険な人を遠ざける予知能力」など、いろいろ思い浮かびますね。

実際に、病気にならない薬や、事故にあわない予知能力などがあればいいのですが、現実的にはまだまだ先の話でしょう。

しかし、もしも「人から傷つけられない頑丈な心になるには、どうしたらいいんだろう?」「ガンにならない生き方、食生活ってどんなものだろう?」「危険な人を見分ける力って、どうやったら身につくだろう?」とお子さんと一緒に想像することができたら……。

あなたの潜在意識は大いに刺激されますし、お子さんとのコミュニケーションのいい機会にもなることでしょう。

第2章

「女子の戦場」を生き抜くにはコツがあります

——人間関係の問題

女子の戦場は、まさに過酷の一言。
キレイごとややさしさだけでは生き残れません。
人を傷つけず、自分もまた傷つかずに、
いかにたくましく、
そして、しなやかに戦えるかが勝負です。

1 女子のグループ間に上下関係がある

「女の子ってすぐグループになるでしょ。そのグループにも階層みたいなのがあるらしくて、『うちらのグループは地位が低いからさ』なんて言うんですよ」

サトミちゃん（中2）が所属しているグループは、どちらかと言うと、クラスでは目立たない女の子たちのグループのようです。

あなたは、「スクールカースト」というものをご存知でしょうか？

これは、学校での子どもたちの人気度や権力などを身分制度に見立てたものらしいのですが、このカースト制度は、思春期の頃からより顕在化してきます。

とくに女子は小さなグループをつくりやすく、そのスモールグループ同士でもカーストがあります。

たとえば、花形の体育会系の部活に属している女の子のグループなどは、学年やクラスの中でも高い地位にいます。

それに比べて、おとなしく地味な女の子たちのグループは、どちらかというと低い地位に属するようです。

また、年齢層が上がってくると、流行に詳しく、気軽に街に遊びに行くような女の子たちのグループの地位がかなり高くなります。

一見、大人から見ると、バカらしいことのようにも思えますが、よく考えてみると、スクールカーストは大人の社会の縮図でもあります。

とくに女子の世界はシビアで、カーストの掟は絶対です。

子どもがどのグループに属していて、そのグループがどの階層に属するのかは、その子の潜在意識にどのようなセルフイメージが組み込まれているか、またはコミュニケーション能力の差にもよります。

子どもが思春期になったら、「みんなで仲よく」ではいられないことを親は知っておく必要があります。

自分の子どもがどのカーストに属しているのかを知り、その小さな王国で、子どもが抱えている悩みや苦しみを見逃さないようにしたいものです。

2 グループ内においても上下関係がある

「うちの子、ちょっと様子がおかしいと思っていたら、どうやら仲よしのグループの子たちから仲間外れにされているみたいなの……」

ミホちゃん（中1）の所属するグループ内では、仲間外れにされる子が順番に変わるようです。

前の項目で、スモールグループ同士のカーストについて説明しましたが、女子の場合は、スモールグループの中においても、それぞれの役割によってカーストがあります。

グループ内には、おもに5つの役割があります。

まず、「女王さま」が1人います。この女王さまはグループ内を恐怖と支配によって取りまとめています。

したがって、グループ内の子は、ほぼ女王さまの意のままに動くことになるわけです。

この女王さまには「お付きの者」がいます。いわば側近のようなポジションで、女王さまの信頼を勝ちとることで、他の子たちに権力を振るうことができます。

第3のポジションとしては、女王さまのご機嫌をとったり、使い走りをする「取り巻き」です。女王さまのために噂を流したりします。

第4のポジションは、どっちつかずの「傍観者」です。このポジションの子は、他のグループともつき合っていて、自由に出入りし、何かあると別のグループに転属します。

そして、第5のポジションは、バカにされたり、仲間外れにされて、他の子たちのストレスのはけ口となる「犠牲の子羊」です。

この犠牲の子羊は、その時々によって変わります。場合によっては側近や取り巻き、傍観者が犠牲の子羊になることもあります。

「こんな面倒なグループに所属しないほうが

いいんじゃないの?」と思いますが、思春期の女の子にとってのグループは、ともに戦い、守り合う心の拠り所。

グループからはじき出されることは、女の子にとって、戦地で難民になるようなもの。

まさに女子の世界は戦場なのです。

女王さまになる女の子の潜在意識には、「私は特別な女の子。自分よりも優秀でない人間は召使いのように扱ってもいい」という思い込みがあります。

そして、さらにその奥底には「人は信用できない。弱いとやられてしまう」という恐れもあるでしょう。

側近や取り巻きになる女の子には、「権力をもった人間の役に立つことで自分は生きていける」という刷り込みがありそうです。

傍観者になる子には、「状況に敏感になることで、柔軟にたくましく生きていける」、もしくは「決して人は信用しない。自分を守るためには人を裏切ってもいい」という考えのどちらかがありそうです。

また、「犠牲の子羊」は今の女子の世界では、誰でもなり得ますが、犠牲の子羊になってしまうと、人を信用することが怖くなり、いつも人間関係に不安を抱えるようになる可能性があります。

いずれにしても、親は客観的にわが子を見ることが大事です。

そして、その際には「つねに親の欲目がある」と思っておいたほうがいいでしょう。

だから、少し厳し目にわが子を観察し、娘が女王さまであったら、「他人を思いやることや、我慢すること」を。

娘が側近や取り巻きであったら、「自分らしく生きることや、自立する生き方」を。

娘が傍観者であった場合は、さして友人関係に問題もなく、本人も学校生活を楽しんでいるのなら、そのままで大丈夫でしょう。

もしそうでないのならば、「誠実であること」を教えてあげましょう。

そして、不幸にも「犠牲の子羊」になってしまった子には……。

次の項目で説明いたします。

❸ クラス全体からいじめられている

「はじめはグループ内で仲間外れにされているだけなのかと思っていたのですが、クラス単位でいじめを受けていたみたいなんです」

サクラちゃん（中1）は、クラスの男子から「うざい」「キモイ」などと嫌がらせを受け、女子もサクラちゃんを無視するようになりました。

女子のグループでは、その時々で誰かが「犠牲の子羊」となり、仲間外れにされることが多いとお話ししました。

それも立派ないじめですが、その場合は案外、他のグループにまでは波及せずに、やがて次の子にターゲットは変わります。

しかし、男子も交えて、もしくは複数の女子グループからの嫌がらせや仲間外れ、無視などのいじめがある場合は根が深く、サイクルも長くなりがちです。

小さな頃とは違い、思春期の子どものいじめは深く潜行し、なかなか表面化しません。いじめ方も教師や親がすぐに気づけるような単純なやり方ではなく、もっと陰湿です。

さらに、子どもは自分がいじめられていることを親には絶対に知られたくないとも思っています。

その理由は、「心配をかけたくない」「恥ずかしい」「せめて家でだけでも普通の子でいたい」などです。

いじめが原因で自殺した子どもたちの親のほとんどは、子どもが亡くなって初めて、ことの真実を知ります。

いじめを受けている女の子にとって、学校での日々はまさに地獄です。

とくに昼休みなどの休み時間は、とてもみじめな時間となります。

1人でいることが寂しいからではありま

せん。

話しかけてくれる人がおらず、1人ぼっちですごしていることをみんなに知られることや、そんな現実を突きつけられることが、思春期の女の子にとっては、とてつもなく恥ずかしく、苦しいことなのです。

自分がいじめられていることを親に言えない子どもの潜在意識には、「親の期待を裏切れない。親を悲しませるわけにはいかない」という、親を思う決死の覚悟があります。

そのような子は往々にして、やさしく、親思いのいい子が多いのです。

子どものもち物でなくなっている物はないか、お金などが減っていないか、衣服などが破れたり汚れたりしていないか、夜、うなされていないか……。

こうしたことがないか、気をつけて見守ってください。

また、今まで肌身離さずもっていたケータイやスマホを置きっぱなしにする、食欲がない、眠れない、なども注意信号です。

そのときに「あなた、いじめられているんじゃないでしょうね?」などと急に問いつめてはいけません。

子どもは、ますます隠そうとするでしょう。

そうではなくて、「どうしたの？　お父さんもお母さんもあなたの味方だよ。何でも話してほしいよ」と、他の兄弟や姉妹がいないときに静かに問いかけてください。

もし、いじめられていることが発覚しても、「なんでちゃんと言い返さないの？」「いじめられるほうにも原因がある」などとは絶対に言ってはいけません。

さらに子どもを追いつめます。

まずは、「ありがとう。よく話してくれたね。本当につらかったね。一緒に乗り越えよう。絶対にあなたが困るようなことはしないから信じてね」と言ってあげてください。

そして、命がけでお子さんを守ってあげるのです。

それは学校に文句を言ったり、相手の子の家に直談判しに行くことではありません。

子ども自身が立場を失い、困るようなことをしてはいけません。

ゴールは子どもの心や命、人生を守ることです。

そのためには、感情的にならず、子どもにとって何が一番得策か戦略を練ることです。

そして、場合によっては、引っ越しや転校などを選択肢に入れることを考えてもいいでしょう。

④ 友だちをいじめている

「チラッと娘のスマホを見たとき、『死ね！』なんて文字が見えたものだから、ドキッとしました」

アリサちゃん（中2）のグループで「犠牲の子羊」となったのは、マイちゃんでした。

女王さまの言いつけで毎日1回は「死ね」とLINEしなくてはいけません。

うちのかわいい天使が、誰かをいじめているなんて……。

とても信じられないでしょう。

でも、場合によっては、今ではどんな子でも友だちをいじめます。

いじめている、または、いじめに加担している子の潜在意識には、「私には問題を解決する力はない。力のある人の言うことに従うしかない」という思いがあります。

そして、いじめている子も何らかのサインを出しています。

たとえば、言葉や態度が荒々しい、ギスギスしている、弟や妹をいじめる、兄や姉とケンカするなどです。

その心の奥底には、「寂しい」「わかってもらえない」「どうせ自分なんてどうでもいいんだ」というねじれた心の叫びがあります。

また、自分はいじめたくないけど、いじめないと自分がターゲットにされるということもあるでしょう。

その場合は、「そうか。あなたもつらいよね。人を傷つけて楽しいことなんてないものね。その子はもしかすると一生、心の傷になるかもしれない。もしも、このままどんどん傷つけて、その子が自殺したりしたら、後悔しても遅いよね。じゃあ、どんなことができるか一緒に考えよう」などと話しながら、まずは子どもの心や立場に共感を示しつつ、いじめられている子どもの心への共感も促しましょう。

そして、場合によってはグループの親たち、先生などにも相談し、1日も早く、いじめられてつらい思いをしている子どもを救ってあげてほしいと思います。

それがいずれ「犠牲の子羊」になるかもしれない、わが子を守ることにもつながります。

5 意図しないところで相手を傷つけている

「もう、女の子って嫌ね。すぐに仲間外れにしたり、されたり。でも、どうせ順番みたいなものだから、そう気にすることもないのかもね」

ヨシミちゃん（中1）は、最近、小学校のときから仲よしだったミドリちゃんをみんなで無視しています。


何度もお話ししているように、女子のグループ内には役割があり、バカにされたり、仲間外れにされてしまう「犠牲の子羊」が、その時々で変わります。

仲間外れにする側の親は、「子どものケンカ」程度にしか思っていませんが、仲間外れにされる側の親にしてみれば、たまったものではありません。

生きた心地がせず、仲間外れにしている子どもたちへの憎しみが募るばかりでしょう。

たとえば、「からかうこと」は一方は冗談のつもりでも、相手が嫌な思いをしていたら、それはいじめになります。

このように意図しないいじめは、共感力や想像力、コミュニケーション能力、言語力の欠如が原因です。

これらのいじめをする子には「人の気持ちなんてどうでもいい」「自分さえ楽しければいい」というような身勝手さがあります。

しかし、潜在意識レベルでは、「どうせ人はわかり合えない」「思いやりをもち、愛し、愛される関係にはなれない」「私はどうせ愛されないのだから、嫌われるはずだ。いつか見捨てられるはずだ」という悲しい思いがあるのかもしれません。

子どもがつい、お友だちを過度にからかったり、鈍感さから傷つけてしまっているように感じたら、親は、日頃から「○○したとき、どんな気持ちだった？」「今日、職場でこんなこと言われて、すごく恥ずかしかったんだよ」「○○さんはどんな思いでそんなことしたんだろうね」などと、会話の中で共感力を伸ばしてあげてください。

その積み重ねによって、徐々に意図しないいじめをすることは減っていくでしょう。

6 あまりにも友だちの悪口を言いすぎる

「どうやら、電話やLINEなんかで、友だちの悪口のようなことを言い合っているみたいなんです」

カオルちゃん（中2）は、帰宅後も電話やメール、LINEなどで、ずっと友だちと連絡を取り合っています。

その内容は、ほぼ他の友だちの悪口や批判のようです。

女の子の世界は、まったくもって安心できない世界です。

昨日まで一緒に仲よくキャアキャア言ってた子が、今日は無視をしたり、一転冷たい態度になったりするのですから……。

まさに「昨日の味方は今日の敵」といったところです。

まるで手のひらを返したかのような、態度の豹変の理由は、嫉妬や裏切り、支配欲など

です。

好きな男の子に友だちが色目を使った、いい子ぶっている、自分の悪口を言っていると誰かから聞いた、自分のポジションを狙っているのではないかと不安になった、他の子との連携を強めるための見せしめ、などなど。

その理由はとてもつまらないものでありながら、これは大人の女性の世界でも、よく起こっている醜い争いです。

しかし、大人の世界にくらべて、もっと未熟で、深く潜行する思春期の女の子の世界での醜い争いは、凄惨で卑劣になりがちです。

このターゲットにされた子は、人間としての尊厳や自信を奪われるほどのつらい思いをしています。

おそらく、これまでただの一度として、誰の悪口も批判も言ったことがない女の子などいないでしょう。

しかし、程度の差は大いにあります。

あまりにもしょっちゅう、悪口や無視、仲間外れなどを繰り返す子の潜在意識には、「人は信用ならない。誰もが自分の大切なものを狙い、奪おうとするだろう」「やられる前にやってやる」というような思いがあります。

つまり、彼女たちは「何か奪われるかもしれない」「傷つけられるかもしれない」と、つねにビクビクとおびえながら暮らしているのです。

そして、人を基本的に信用できない彼女たちは、簡単に友だちを裏切り、傷つける自分自身をも心の底では信用していません。

潜在意識には、言ったことや聞いたことすべてが自分のことだと思ってしまう、という性質があります。

そのため、顕在意識（頭）では、他人の悪口や批判をしているつもりでも、心の深いレベルでは、その悪口や批判はすべて自分へと向かっていくことになるのです。

つまり、潜在意識に、いい言葉やほめ言葉をたくさん聞かせると、そのとおりの人になりますし、悪い言葉や批判をたくさん聞かせると、これまた、そのとおりの人になってしまうということですね（これを「暗示」と言います）。

だから、日頃から、親は子どもにいい言葉で接してあげる必要があります。

いい言葉とは、やさしい言葉、ほめ言葉、楽しくなるような言葉、穏やかな気持ちになるような言葉などです。

それは、子どもに対してだけではなく、他の誰かについて話すときも同じです。

親が子どもに「いい言葉、きれいな言葉を使いなさい」と言いながら、自分では友だちとの電話で「ムカつく。あいつ死ねって感じ！」などと話していたら、子どもには**「腹が立ったときには、そのようにストレスを発散するものだ」**というメッセージになります。

もしもお子さんが、いつも友だちの悪口を言っていたり、誰かにムカついているようなら、自分に自信がないのと同時に、人を信用できていないのでしょう。

そして、何かを奪われることや傷つくことを恐れてもいます。

ゆっくりとお子さんと話す時間をつくり、不安やおびえでいっぱいの心に寄りそってあげてください。

7 いつも友だちに振り回されている

「うちの子、おとなしいから、何だかいつも友だちにいいように利用されているように思うんだけど……」

リカちゃん（中1）は、なぜかいつも気の強い子と仲よくなります。

そして、子分のようになることもあります。

いつも気の強い子、ワガママな子と仲よくなり、遊びたくないのに遊ぶことになったり、何かを頼まれてばかりいる……。

あなたが子どもの頃にも、そんな子がいたことでしょう。

そういう役割を担うのは、たいていはおとなしく、従順な子です。

自分の言いたいことややりたいことを言えず、いつも友だちの感情やニーズを優先させます。

だから、本当はとても疲れているかもしれません。

それでも「NO」と言えないので、ニコニコと我慢してつき合ってしまう……。

このような子の潜在意識には、「自分は重要ではない」「自分の気持ちやニーズなどは大したものではない」「自分は何も決める能力がないから、強い人に決めてもらうほうがいい」というような思いがあります。

そして、大人になっても友だちや恋人、同僚などの感情や都合に振り回され、疲れ果て、自分らしい人生を歩めなくなりがちです。

もしも、お子さんにこのような傾向があったら毎日、小さなことでもいいので、積極的に何かを選ばせるようにしましょう。

「ねえ、今日の晩ご飯、カレーとハンバーグ、どっちがいいかな？」「お父さんのネクタイ、選んでくれないかな？」などと、自分で考え、選ぶ癖をつけさせるのです。

あるいは、日頃から「今、どんな気持ちなの？」「どうしたいの？」と子どもの気持ちを聞いてあげるのもいいでしょう。

自分には、自分で選んだり、決めたりする力がある――。

この思いが、その後の人生に大いに役立つはずです。

8 かわいがってくれた祖父母やペットの死を受け入れられない

「半年前に祖母が亡くなりましたが、さほど落ち込んではいませんでした。でも、それから徐々に体重が減り始め、今では不登校にもなってしまって……」

マリコちゃん（中1）は、とても明るい女の子でした。祖母が亡くなった後も変わったところは見られなかったので、お母さんはどうしたらいいかわかりません。

たくさんの方々のセラピーをしていて気づいたことの1つに、かわいがってくれた祖父母やペットなどを思春期の頃に喪失し、悲しみを上手に表に出せなかった場合、その後の人生で問題を抱えるケースがとても多い、というものがあります。

クライアントA子さん（当時、23歳）は、中学2年生のときに風邪でご飯が食べられなくなったのをきっかけに、回復後も食べられなくなってしまいました。

そして、とうとう摂食障害と診断され、中学を卒業するまで、入退院を繰り返したとのこと。

その後、何とか高校に入りましたが、摂食障害や自傷行為、抜毛などの症状にずっと悩み続けてきました。

セラピーをした結果、その原因は中学1年生のときに、大好きだった祖母が亡くなったことにあるとわかりました。

その後、セラピーで祖母への悲しみを表に出してもらって、お別れのワークをすると、徐々に症状は消え、今では元気なお母さんになっています。

昔のような大家族の形態だと、祖父母を家で看取ることも多く、子どもは教えられなくても、自然に「死」というものを学ぶ機会がありました。

しかし今のような核家族になってからは、親も子どもにできるだけ悲しみやストレスを与えまいと、祖父母が亡くなっても、その「死」から子どもを遠ざけようとします。

すると、子どもの潜在意識には、「悲しみには心を麻痺させて、感じないようにして生きるのがいい」というメッセージが刻み込まれます。

たしかに、そのときのダメージは小さくてすむかもしれません。

しかし、大切な存在を喪失した悲しみは子どもの心の奥深くにしまい込まれ、フタをされてしまいます。

そして、その悲しみのフタが人生のどこかで何かの拍子にはずれてしまうと、子どもの心や体、人生のバランスを崩すことにもなるのです。

ここで、とても大切なことを言っておきたいと思います。

それは悲しみという感情は、けっして悪い感情ではない、ということです。

たしかにちょっとしたことや、いくらでも取り返しがつくような失敗で、大げさに悲しむのがいいこととは言えません。

しかし、人生では自分の力ではどうにもならないことが起こります。

その1つが、大切な存在との別れです。

そのときは、思いっきり悲しみ、嘆くことで、大切な存在を亡くしたことを受け入れることができますし、未来へと向かう力が少しずつ生まれてくるのです。

だから、「思春期の難しい年頃だから」「受験に差し支えるから」などと、変に気を回すのではなく、大切な存在との「別れ」にしっかりと向き合わせましょう。

もちろん、そのときに親はしっかりと子どもの心を、そして場合によっては体も抱きしめてあげる必要があります。

「悲しいね」「つらいね」「寂しいね」と、ともに泣き、語ること。

それが、子どもの心を抱きしめることになります。

また、今では犬や猫などのペットも家族です。

ペットが年をとり弱ってきたら、ともに面倒を見るようにしましょう。

そして、亡くなったら、ともに悲しみ、折にふれ、思い出を語り合う――。

そうすることで、大切な存在を失ったことの悲しみを乗り越えさせてあげてください。

親であるあなたへのメッセージ

この章でお話ししてきたとおり、思春期の女の子の世界は、まさに戦場です。顔では笑いながら、ひっそりと傷つけ合うことができてしまう……。そんな心理戦が繰り広げられているのです。

思春期の女の子が「女子の戦場」で痛手を負うと、その後の人生でもずっと心の傷となり、人を信用するのが怖くなったり、自信を失ったりすることになります。

とはいえ、戦争のない国に疎開することもできません。

まさに「女子の集まるところに戦あり」と思っていいでしょう。

◆「女子の戦場」を生き抜く子にするために

私の娘が中学生のとき、やはり女子の戦場で傷つき、学校に行けなくなったことがありました。

笑えなくなった娘が、眠りについたときにだけ、夢を見てほほ笑む寝顔を見ていると、親として何とも言われぬ悲しみと怒りに打ち震えたものです。

女子の戦場では、暴力や暴言だけではなく、申し合わせたかのような視線や態度、さりげない行動までもが凶器になります。

だから、「いじめ」なのか、ただ「わかり合えないだけ」なのかが、教師や周囲からは判断しにくくなっているのです。

場合によっては、ただの被害妄想のように判断され、泣き寝入りすることも多いのではないでしょうか？

そこには、公平なジャッジはないと思ったほうがいいのかもしれません。

さて、そんな世界で、たくましく生き抜く子になるために、親はいったい何ができるのでしょうか？

まず、できるだけ他人から好かれ、信頼され、いじめられない子にしたいものです。

それには、ただやさしいだけではなく、強さが必要です。

ただし、強さとはけっして人をいじめたり、蹴落とすようなことではありません。

自分の気持ちや意見をはっきりと、そしてできるだけ波風を立てずに伝えられる強さ、人と群れず、1人でも行動できる強さ、自分や大切なものを守るために戦える強さ、傷ついても、しなやかに立ち直れる強さ、などです。

さらに、できるだけ安全で穏やかにすごせるグループや友だちを見分ける嗅覚も必要です。

つまり、この場合の強さとは、しなやかさとも言えます。

親は、日頃から子どもと会話する時間をつくり、少しずつ知恵を授けたいものです。

その際には、「お母さんのときはね……」など、自分自身の体験談や友人の話などをしてあげるといいでしょう。

ちなみに、私の娘は大人になり、「中学のときのあの体験から多くを学んだから、その後の人間関係は本当に楽だった」と言っています。

もしも、今、娘さんが女子の戦場で痛手を負っているとしたら、いつかその体験こそが、娘さんを守る大きな武器になるのかもしれません。

◆親が子ども時代に受けた心の傷を癒す

親自身が子どものときに人間関係で何らかの傷を抱えていたら、それは知らず知らずのうちに子どもの潜在意識に伝わります。

そして、子どももまた、人が信用できず、人間関係が怖くなるかもしれません。

その結果、人間関係でさまざまなトラブルや不安を抱えます。

女の子の場合は、とくに恋愛や結婚、将来の子どもとの関係性にまで影響を及ぼすでしょう。

もしも、あなたが子ども時代に人間関係で傷ついた経験があれば、ぜひ、心の奥底に閉じ込めたその傷をあらためて取り出し、癒してあげてください。

「人なんて結局、信用できないものだ」
「自分は傷つけられることが多い」
「最後はみんな自分を見捨てるだろう」
「人生は勝つか負けるかだ」
「自分より力のある人に頼ればいい」

どうでしょう?

これらのフレーズが、あなたの心の中で聞こえることはありませんか?

これ以外にも何か、人間関係に関する心の傷について、思い当たることはありますか?

もしも、何かあれば、その体験やフレーズを心の中で再生してください。
そして、小さな子ども時代の自分が傷ついた、その場面を思い出しましょう。
その子の目をイメージの中で見てください。

● どんな目をしていますか？
● その子は今、どんな気持ちでしょう？
● その子に必要な言葉や体験、存在は何でしょう？

ぜひ、「ずっとここにいたんだね。気づいてあげられなくて、本当にごめんね。こんな思いをしたらつらいよね。悲しいよね。泣いたっていいんだよ。あなたは、考える力や愛し、愛される力をもった子だよ。大丈夫だよ」と言ってあげてください。

それが、きっと子どもの頃の、傷ついたあなたの心を癒すことにつながるでしょう。

子どもの人間関係力を育む〝もしもの質問〟

〝もしもの質問〟は、ただ答えようとするだけで、親である、あなたの潜在意識を刺激し、お子さんの人間関係力をアップさせます。

「もしも、お子さんに
『どんな男性にも愛される魅力』か
『どんな女性にも好かれる魅力』を
プレゼントできるとしたら、
どちらを選びますか？」

けっこう、答えに悩む質問かもしれません。

「それは男性に愛される魅力に決まっているじゃないですか！　そうしたら、大金持ちやハリウッドスターをゲットして、あっという間にセレブですよ」

「俺は娘が気持ち悪い男性に愛されるなんて考えただけで嫌だね。というか、男性になんて愛されなくていいよ」

などという声も聞こえてきそうですね。

まあ、どちらにしても幸せそうでありながら、困ったことも起こりそうではあります。

一番いいのは、愛してもらいたい男性に愛され、親しくなりたい女性に好かれることかもしれません。

それでは、そんな女性は、どんな魅力をもっているのでしょうか？

また、それはどうしたら身につくのでしょうか？

さらに、どんなふうに親に育てられたと思いますか？

そんなことを、親子で一緒に話してみるといいかもしれませんね。

第3章

将来、「自立した女性」になるためにも大切です

――勉強の問題

「何のために勉強するの？」という子どもの問いにしっかり答えられますか？

今の時代は女の子だからこそ、学歴や資格を身につける必要があります。そのためには、この時期の学力アップがとても大切になります。

今こそ、将来、男性に頼る女性になるか、自分で稼げる女性になるかの分かれ道です。

1 とにかく勉強をしない

「やればできる子だと思うのに、とにかく勉強をしてくれないんです」

レナちゃん（中2）は「勉強しなくちゃ」と思いつつ、ついテレビやゲーム、スマホに意識が向いてしまいます。

「もう中学生なんだから、もっと勉強してくれなくては困る」と多くの親御さんがおっしゃいます。

そこで、「困るのは誰ですか？」と尋ねると、「え？　それは子どもが将来、困りますよね？」とお答えになります。

でも、子ども自身はさほど困っている様子はないようです。

子どもが勉強しないのには、原因や理由があります。

それは次の項目から徐々にお話ししていきますが、まずははっきりさせておかなければいけないのは、子どもが勉強しないことで困っているのは親であるということと、なぜ親は勉強させたいと思っているのかということです。

親が「勉強しなさい」と脅したり、お願いしたり、なだめたりすると、子どもは「うるさいな」「だから、わかってるってば」「うん、後でやる」「次の試験は頑張る」などと言うでしょう。

しかし、子どもとしては、「やらなきゃいけないとはわかっているけど、やりたくない」「勉強したいけど、体が動かない」「本当に勉強ってやらなきゃダメなわけ?」というのが本当のところでしょう。

なぜなら、勉強をしない子どもの潜在意識には、「できるだけ楽をしたほうがいい」「自分には努力することはできない」「きっと自分は平凡で、そこそこの人生を歩むのだろう」というような思いがあるからです。

したがって、子どもに勉強をさせるには、まずは子どもの潜在意識レベルに働きかけ、「勉強したい」と思わせる必要があることを覚えておきましょう。

2 「私は頭が悪いから勉強ができない」と言う

「うちの娘は、何かと『私はバカだから勉強ができない』って言うの。だからつい、『そんなこと言うなんてバカよ！』って言っちゃって……」

ミカちゃん（中1）は、「自分の成績が悪いのは頭が悪いせいだから、努力してもムダだ」と思っています。

私は小学2年生のときに、どんなに頑張っても読めない、書けない、ひらがなやカタカナがあり、担任の先生や親にずいぶん心配をかけました。

今ならば、おそらく学習障害という発達障害のうちの1つだと、教師も親も察しがついたことだと思いますが、当時はそんな知識をもっている大人はほとんどいませんでした。

毎日、帰宅後、勉強机の横に貼ってある「あいうえお表」の前にペタンと座り込み、何とか字を覚えようとして、にらみつけていた自分を思い出します。

その当時、私は子ども心に「私はみんなが言うように、きっとバカなんだな。だから字を覚えられないんだな」と思っていました。

その後、私は何とか学習障害を克服し、大学、大学院にまで進む人生を歩むことができました。

なぜ、私は学習障害を克服できたのでしょう？

それは、親だけは私を白い目で見ることなく、根気よく、私が理解できる方法で字の読み分け方を教えてくれたからです。

勉強に苦手意識があり、「自分はバカだ、頭が悪い」と思い込んでいる子どもはたくさんいます。

とくに、女の子がそう思いやすいようです。

そのような女の子の潜在意識には、もしかすると「自分はどこかおかしいのかもしれない」「自分は劣っている」「女の

子は勉強があまりできなくてもしかたない」「『頭が悪いのだからしかたない』と思ってくれたほうが楽だ」などという思いが隠れているかもしれません。

しかし、何かの障害や病気でないかぎり、頭が悪いから勉強ができないということはありません。

成績が悪いのは、頭が悪いのではなく、成績が上がるような勉強をしていないからです。

また、勉強にしても、できないのではなく、していないだけです。

それなのに、「自分は頭が悪いから」と思い込んでしまうのは、とても悲しいことです。

そして、その思い込みのせいで、さらに勉強をしなくなり、成績が悪くなる。

すると、さらに自信がなくなる……。

これでは、まさに悪循環ですよね。

もしも、お子さんが「私は頭が悪いから勉強ができない」と言っていたら、自分に自信がなく、自己肯定感をもてない状態になっていると思ってください。

つい、「どうして○○できないの?」「お友だちの○○ちゃんは頑張っているのに」などと言ったり、「またダメだったんだ。ふうーっ」とため息をついたりするのはやめてください。

子どもは、ますます自分をダメだと思うでしょう。

それよりも、「あなたは、頭が悪いとどうして思うの？　想像力もあるし、一緒に話しているとすごく楽しいよ。勉強のやり方を変えてみたらどうだろう？　一緒に考えようよ」と言ってあげてください。

そして、お子さんの自己肯定感を上げるために毎日、いいところを見つけて、さりげなくほめてあげましょう。

あるいは、あなたのほうから「仕事で失敗しちゃった。なんか自信なくすわー」などと相談をもちかけてもいいかと思います。

すると、子どもは自分の言っていることや置かれている状況を客観的な視点から見ることができるようになります。

また、何か家庭内でお風呂掃除や食器の片づけなどの役割をもたせ、それをやってもらったときに、「ありがとう。とても助かったよ」と感謝を示すのも効果的です。

子どもの自己肯定感を上げるには、親が積極的に、かつさりげなく寄りそい、心を抱きしめ、自信を与えてあげることが大切なのです。

3 徐々に成績が落ちている

「ずっと成績がいい子だったのに、だんだん成績が落ちてしまって心配なんです」

カナちゃん（中2）は、小学校時代からずっと成績がよく、中学に入っても優秀な成績でした。

しかし、徐々に成績が下がり、本人も落ち込んでいます。

小学校時代はとても成績がよく、神童と言われたのに、中学に入ってからは普通の人になってしまった、という話をよく聞きます。

とくに、女の子は男の子よりも精神的に大人になるのが早いですし、コツコツと真面目に努力することができる子も多いので、勉強でも成果を上げられます。

しかし、中学生くらいになると、男の子がメキメキと成績を上げてきます。

そのぶん、相対的に自分の成績が下がるので、自信を失ってしまうという女の子も多いことでしょう。

そのような場合は、子ども自身が気を取り直し、勉強する方法を変える、塾に行くなど、手だてを模索することが必要かもしれません。

しかし、中には、小学校までに頑張りすぎて、すっかり疲れ果ててしまっている子もいます。

そんな子どもの潜在意識には、「私は成績がよければ愛される」「親を喜ばせることができて初めて、私は存在してもいい」というような思いがあるのかもしれません。

もしも、それまでお子さんがずいぶん頑張ってきたようならば、ちょっと気を緩めて、お休みさせることも必要かもしれません。

一方、急激に成績が下がった場合は、学校でのいじめ、家庭の不和、心や体の不調などを疑い、子どもの様子をよく観察してください。

そして、それが家庭の問題であるならば、まずは子どもの心を安心させてあげましょう。

また、食欲もなく、不眠、腹痛などの身体症状があるならば、すぐに専門医の診察を受けさせたほうがいいでしょう。

行動が遅れたために、問題が大きくなるケースが多々あるので、注意が必要です。

4 勉強をしているのに成績が悪い

「うちの子は、勉強はちゃんとしていると思います。でも、成績はいつも下から数えたほうが早いんです……」

マサコちゃん（中2）は、真面目な性格で毎日、休まず勉強をしています。

でも、成績は学校でも塾でもあいかわらず悪く、親もどうしたらいいのかわかりません。

まず考えられるのは、「効率の悪い勉強」をしているのではないかということです。

同じ問題をずっと解いている。

集中できずにダラダラと勉強している。

覚える、理解するのではなく、ただ長時間、勉強することに重きを置いている……。

もし、そうであるならば、子どもの潜在意識には、「結果よりも努力することが大事」「自分はどうせ成功できないだろう」という思いが隠れている可能性があります。

次に考えられるのは、「発達障害」などがあり、学習に何らかの問題を抱えているかもしれないということです。

発達障害の中には、識字、計算、記憶など勉強に支障をきたすものもあります。

その疑いがある場合には、早めに専門機関に相談し、診断を受け、その子に適切な勉強方法を見つけることが大切です。

効率の悪い勉強のやり方が問題となっている場合は、親は「頑張ること、努力することが大切だよ」などとは言わずに、一度、勉強方法をしっかり親が把握し、抜本的な改革に踏み出すようにしてください。

たとえば、ダラダラ勉強をしている子には、ストップウォッチを使い、問題を解く時間を決めてあげる。

参考書を書き写すなど、とにかくノートをとることに時間がかかっている子には、歩きながら声に出して読む方法を教える。

問題を解くのに時間がかかる子には、最初から解答を見せて、解き方を覚えさせる……。

このように、柔軟に勉強法を変えてみて、その子に合ったものにしていくといいでしょう。

5 「勉強する目的がわからない」と言われた

「うちの娘ったら、『学校で勉強したことなんて、将来使わないじゃん』なんて言って勉強しないんですよ」

アキヨちゃん（中3）は、勉強も嫌いですし、いい大学に行きたいとも思っていません。

第一、何のために勉強するのかがわかっていないようです。

「なぜ勉強しなくちゃいけないの？」とお子さんから質問されたら、あなたなら何と答えますか？

「勉強することが子どもの仕事だから」「変な理屈なんか言ってないで、とにかく勉強しなさい」「世の中には勉強したくても、できない子もいるのよ」などと、つい言ってしまいそうになりますよね。

でも、思春期の子どもにしてみれば、本当に疑問なのだと思います。

学校でも家でも「勉強、勉強」と言われ、気づいたら自分も「勉強しなくちゃなあ」と思ってはいるものの、「はてさて、なぜに勉強ってしなくちゃいけないのかな?」と。

勉強する意味や目的がわからなければ、やる気だって起きません。

嫌々やる勉強には身が入らないので、当然、理解もできず、覚えることもできません。

子どもがまだ小さいうちは、「お勉強は楽しいよ。これが終わったらシールを貼ろうね」などと言って、だましだまし勉強させることもできます。

しかし、思春期にもなると、ごほうびにしてもお小遣いやゲームなど、お金がかかるものになるかもしれませんし、何よりも目先のごほうびでは、いつか効果がなくなります。

それよりも、子ども自らが勉強したくなるようにし、勉強したら気分がよくなるように

しなくてはいけません。

では、どうしたらいいのでしょう?

それには、勉強する意味や目的をもたせることです。

勉強する意味がわからない子の潜在意識には、「楽なほうがいいに決まっている」「どうせ自分は将来、大した人間にはなれない」「人生なんて、行き当たりばったりだ」「人生は誰かが何とかしてくれるもの」などという思いがあるのかもしれません。

怖いのは、そうした子どもが大人になると、実際にあまり生きがいを感じられない人生や、計画性がなく問題ばかり抱える人生、さらには男性や親に頼りながら生きる人生を歩んでしまいがちになることです。

一昔前には、「女の子は力のある男性に見初められて、いいお嫁さんになるのがいい」「女の子があまり勉強ができると、かわいくない」などといった価値観がまかりとおっていました。

しかし、今では、結婚しない女性も多いですし、結婚しても男性1人の力で家族を養うのが当たり前の時代ではありません。

また、現代では3組に1組の夫婦が離婚しています。

さらには、私のクライアントさんには、離婚したくても経済力がないために子どもを養えないからと、離婚できずに苦しい思いをしている方も本当に多くいます。

そんな現状を考えると、女の子こそが勉強して、できるだけ高学歴になり、専門性のある資格をとっておくなどの準備が必要だと思うのです。

そうすれば、自分の好きな職業に就き、お金を稼ぎ、イキイキと人生を楽しめます。

結婚するもよし、結婚しないもよし。子どもをもつのもよし、もたないのもよしです。

思春期は、女の子にとって、女性が置かれている社会の現状や問題点、人生の厳しさなどを知り、どう生きるかを考える基礎となるときです。

勉強をせずに進む人生と、勉強をして進む人生では、職業や出会う人、将来的な経済力、自由さがどのように違ってくるのか、つまり、人生の選択肢の数がどう違うのかを教えたいものです。

一見、自分が進みたい分野とは関係がなさそうに思える科目であっても、一般教養や幅広く考える力を身につけることもできます。

どうぞ、女の子には、親の体験談や知り合いの人生、テレビや映画、小説などを使って、たくさんの人の人生の**「原因と結果」**を伝えてください。

6 お金の大切さを知らない

「うちの子は、『何がほしい？』と聞いても、『別にほしいものはない』なんて答えるんですよ。女の子だから、これくらい欲がないほうがいいのかなとも思っているんですけどね」

リエコちゃん（中1）は1人っ子なので、親からも祖父母からも、とてもかわいがられて育ちました。

今は、どの家庭も子どもの数が少ないうえに、昔よりも経済的に豊かになり、子どもを大切に育てることができるようになりました。

それはいいのですが、子どもがほしがる物をいつでもすぐに買い与えたり、ほしがる前に買い与えることは問題です。

いくら子どものためだからといって、何でも与えていると、子どもの潜在意識には「必要な物は誰かが与えてくれる」「物を手に入れるのは、そう楽しいことではない」という思いが植えつけられる危険性があるからです。

そうすると、野心も欲求もない人間になってしまい、将来、何になり、どんな人生を送り、何を手に入れたいのかがわからなくなります。

当然、一生懸命に働いたり、勉強する意欲も弱いものになります。

もちろん、それとは逆に、「しつけのために、他のお友だちがもっている物であったとしても買い与えない」「成績が悪いと買い与えない」などは、ガツガツした子どもにする危険性があります。

いつも「足りない、足りない」と満たされない思いを抱えている

と、ときには嘘をついたり、誰かを踏み台にしたりするようになるかもしれないからです。

あなたも、自分の子どもがそのようになってほしいなどとは思いませんよね。

だから、子どもにはほどよく与え、ほどよく我慢をさせることが大切です。

また、思春期の子どもには、お金についても、いろいろ教えていく必要があります。

親が「お金は汚いもの」「お金がたくさんあると、不幸になる」「お金は必要なだけあればいい」などという価値観をもっていると、子どもの潜在意識にも、また同じ価値観が植えつけられます。

すると、大人になってからも生活をするのにギリギリなだけしかお金を稼げなかったり、余分にお金をもつことに罪悪感をもつようになります。

したがって、親としては「お金は人生を豊かにしてくれる素晴らしいもの」「お金がたくさんあると、時間も買うことができる」「お金があると自由に生きられる」などと子どもが感じられるように働きかけたいものです。

もちろん、お金にガツガツした子になってもらっては困りますが、お金は自分で稼げるものだと、とくに女の子には教える必要があります。

お金は男の人が稼ぐものではなく、男女関係なく、稼げるものだということ。

また、同じ時間働いても、その職業によっては稼げるお金の額が違うということ。

さらには、もっている資格や卒業した大学によって、就ける職業も違うということ。

生きがいを感じながらお金を稼げる人生もあれば、嫌々ながら生きるためだけにお金を稼がなければならない人生もあるのだということ。

こうしたことを、子どもがくつろいでいるときなどに、具体的な例をあげながら伝えるようにしてください。

とくに女性は社会に出ると、まだまだ差別があり、結婚して子どもを産んだりするので、男性に比べると何かと不利であることは強調しておく必要があります。

そして、だからこそ生きる力、経済力をもつことが大切なのだと教えてあげてください。

7 「女だから……」と、どこかで思っているようだ

「『私の夢は、かわいいお嫁さんになることだから勉強しなくていいの』と娘が言います」

ハルカちゃん（中1）は、結婚して、幸せになることを夢見ています。

だから、ほとんど勉強をしません。

「こんな夢って、一昔前のものじゃないんですか?」と言われそうですが、実際には、いい大学を卒業し、キャリアを積んできた女性であっても、「究極の夢は幸せな結婚です」とおっしゃる方がとても多いことに驚きます。

たしかに結婚して、子どもをもつのは悪いことではなく、素敵なことです。

しかし、多くの女性に「どんな人と結婚したいのですか?」と尋ねると、「それはやさしくて、誠実で……。まあ、本音を言えば、経済力があって、背が高くて、私に好きなことをさせてくれる人」と、ほとんどの女性が答えます。

彼女たちの潜在意識には、「いつか白馬に乗った王子さまが現れて、私を幸せにしてくれる」という思いがあるようです。

しかし、白馬に乗った王子さまはいつまでたっても現れません。

あれは、おとぎ話の登場人物にすぎないのですから……。

また、一瞬、王子さまのように思えても、結婚した後、浮気されるかもしれませんし、破産するかもしれません。

もはや、男性に幸せにしてもらう時代は終わりました。

女の子は自分の力で好きなことができるということを知らなければいけません。

バッグも、靴も、アクセサリーも、家も自分で買える女性になればいいのです。

そして、王子さまに選ばれるのを待つのではなく、自分が選んだ、本当に愛する男性と結婚すればいいのです。

どうぞ、思春期の女の子にこそ、勉強して将来、好きな職業に就き、経済力を身につけ、自由に生きる選択肢があることを教えてあげてください。

親であるあなたへのメッセージ

何度かお話ししているように、親の心の傷が癒されると、子どもの問題も改善されます。この部分のからくりを説明すると1冊の本になってしまうので省きますが、お子さんが勉強について問題を抱えているならば、あなた自身の潜在意識にある心の傷を癒すことで、知らず知らずのうちにお子さんに変化を促すことができるでしょう。

◆子どもの勉強の問題を解決するために

とくに女の子の場合は、父親と母親の関係性もさることながら、母親の生き方をモデリングしたり、参考にしたりするものです。

たとえば、父親と母親が精神的にも経済的にも対等な関係性であり、意見の重みも対等であったとします。

その場合、女の子の潜在意識には、「男女は支え合いながら生きていくもの。女も男と同じように自分の考えをもち、稼ぐのが当たり前だ」というメッセージが植えつけられます。

一方、父親が母親に対して威圧的であり、経済的にも母親が父親に依存していたら、どうなるか？

その場合は、「女は男に頼り、我慢しながら生きていくもの。女はよけいな考えはもたないほうがいい」というメッセージになります。

そうなると、勉強をしてよけいな知識を得たり、考えたりしても意味がないと考え、勉強などせずに、男に気に入られるように外見だけを整えようとする可能性もあります。

もしかすると、あなたは次のように思われたかもしれませんね。

「だったら今の時代、亭主関白な夫に仕える専業主婦はダメだということ？」

もちろん、一概にそうとは言えません。

専業主婦を立派な仕事として捉え、そのことに誇りをもって生きている女性もたくさんいるからです。

そして、私はそうであってほしいとも思っています。

問題なのは、母親自身が自分の生き方に自信をもち、満足した生き方をしているかということと、学ぶことの楽しさや活かし方を知っているかということです。

もしも、「そう言えば、私も勉強するのは昔から嫌いだったわ」「今も暇さえあればドラマを見たり、友だちとおしゃべりばかりしているなあ」などと気づいたのなら、今からでも遅くはありません。

仕事でも趣味でもボランティア活動でもけっこうです。

あなたが以前からやりたかったこと、興味があったことについて学び始めてください。

もし、これといったものがなければ、本をたくさん読んでください。

もちろん、父親も同じです。

仕事について、または興味のある分野について学ぶ姿をお子さんに見せてあげてください。

そんな親の姿こそが、女の子に勉強することの楽しさを伝える、最大のメッセージとなります。

親が子ども時代に受けた心の傷を癒す

まず、次の質問を通して過去を振り返り、人生の岐路にいるあなたを思い出してください。

- あなたは自分の学歴に何らかのコンプレックスがありますか？
- もしも、あなたが入りたい大学に入れなかった、就きたい職業に就けなかったのだとしたら、それはなぜでしょうか？
- 学歴や思うように学べなかったことで、今、後悔していることはありますか？
- 今、あなたは自分らしく、生きていますか？
- もしも、あなたの魂が喜ぶような生き方を今、できていないとしたら、何が足りなかったのでしょう？
- どんなサポートがあれば違ったでしょう？
- 誰に助けてほしかったですか？

そして、その子のそばに近寄り、伝えてください。

「今、きっと自分でもどうしたらいいか困っているね？　あなたの思いどおりにはいかないかもしれない。でもね、これだけは覚えておいて。あなたは人生のどの地点からでも、あなたらしい人生を始められるよ」と。

そして、その子が本当に興味をもっていることは何なのかを尋ねてみてください。

「あなたは何が好き？」

「あなたは何をしているときが一番楽しい？」

「あなたは自分の素晴らしい能力を何に使いたい？」

もし、すぐには答えられなかったとしても、一度、潜在意識の中にいる子どもの自分にこの質問をしておけば、いつか答えが返ってきます。

そして、答えが返ってきたら、「そうか、すごいね。よく見つけられたね。さあ、今からそれを始めよう！」と言ってあげてください。

きっと、一歩前へと踏み出す勇気が湧いてくるはずです。

子どもの勉強する力を育む〝もしもの質問〟

〝もしもの質問〟は、ただ答えようとするだけで、親である、あなたの潜在意識を刺激し、お子さんの勉強しようとする力をアップさせます。

「もしも、今から10年後にお子さんが、自分で決めた職業に就き、イキイキと毎日を送っていたとします。そして、それは10年前のあなたからの、ある働きかけが原動力だったと、お子さんから言われたとしたら、あなたは何をしたと思いますか？」

さて、どんな答えが出てきたでしょうか？

「子どもに、自分らしい人生を歩むためには、勉強して力をつけることが大切だと伝えた」

「自分の過去の後悔を素直に子どもに話し、あなたにはそんな思いはさせたくないと伝えた」

「自分自身が夢を叶えるために勉強を始めた」

「思いきって家族で海外旅行に行き、子どもに新たな世界を見せた」

など、想像するといくつも案が出てきそうですね。

女の子が将来、誰にも遠慮したり、振り回されたりすることなく、自分らしい人生を手に入れるためには、この思春期に親がどんな働きかけをしたのかが、とても重要なポイントになります。

とくに直接、子どもに言ったり、教えたりするのではなく、親自身が目標のために勉強をしている姿を見せることは、子どもの潜在意識に素晴らしい種をまくことでしょう。

第4章

「ほどよい距離感」はこうすることで生まれます

――親子関係の問題

思春期の女の子の親を見る目は、とてもシビアです。
また、この時期における親子関係は、
その後の女の子の人生に多大な影響を及ぼします。
娘を高慢なお姫さまや親のカウンセラー、
親がわりにしてはいけません。
ましてや、親の人生の延長コードにするなど、
絶対にあってはいけないことです。

1 家庭のルールを守らず、反抗的な態度をとる

「うちの子ったら、約束は守らない、言うことは聞かない、態度は悪い……」

中2のマユちゃんは、それに加えて門限は破る、決められたお手伝いもしないという状態です。

思春期の女の子は、とかく反抗的な言葉づかいや態度をとりがちです。

しかし、だからといって、親に対する失礼な振る舞いのすべてを思春期や反抗期のせいにして、放任しておくわけにはいきません。

思春期ならではの「別に」「フツー」「うるさい」「……」などは、基本的には放任しておくしかありません。

いちいち「その態度は何?」などといきりたっていても、親子の関係性はどんどん悪くなる一方でしょう。

したがって、思春期の女の子の反抗的な態度はある程度、スルーするしかありません。ただ、約束やルールを守る、人に対して言ってはいけないことは言わない、などといったけじめは必要です。

子どもが思春期だから、反抗期だからといって、ひるんでいてはいけないこともたくさんあるのです。

親との約束を平気で破ったり、家庭のルールを守らない子どもの潜在意識には、「親は私に強く言えないだろう」「強く振る舞ったほうが勝つ」などの思いがあるかもしれません。

将来、けじめをきちんとつけられる大人にするため、また、娘さんを守るためにも、家庭のルールはしっかりつくりましょう。

たとえば門限、ケータイやスマホの使い方、家庭での役割、食事のマナーなど、「これだけは絶対に守りなさい」という家庭のルールをつくり、守らなければ、門限を1時間早める、ケータイやスマホを3日間没収する、などの罰則を設けてもいいかと思います。

なお、子どもに約束やルールを守らせる以上、同じように親もまた、子どもとの約束やルールをしっかり守るのは当然のことです。

意外にそのあたりがおろそかになっているケースが見られるので、注意が必要です。

2 親を脅す、バカにする、召使いのような扱いをする

「片づけるように、ちょっと注意したら、『お母さんこそ、母親失格、妻失格のくせに！』なんて言われてしまって……」

アイリちゃん（中3）は、やさしいお母さんのことを「あんた」などと呼んだり、お父さんにもあれやこれやと指図して、思いどおりに動いてくれないと怒り出します。

男女を問わず、思春期の子は生意気になるものです。

ただ、そんなレベルではなく、親を脅したり、バカにしたり、まるで召使いのような扱いをするというのは、とんでもないことです。

親を脅すやり方には、ただ乱暴な言葉や態度をとるのではなく、**「お母さんがちゃんと準備しておいてくれなかったから恥をかかされた」「もし、こうしてくれなかったら、私は勉強できない」**などと、親の痛いところや子どもを愛している気持ちを逆手にとって、思いどおりに動かそうとするものがあります。

親をバカにするやり方としては、「どうせパパなんか高卒でしょ」「お母さんは、お父さんに養ってもらっているくせに」などと、親のコンプレックスを攻撃してくるものなどがあります。

親を召使いのように扱う子は、まるでお姫さまのように振る舞い、親のことを鼻であしらいます。

いずれにしても、このような子は多くの場合、やさしい親をもっています。

そして、そうした親の中には、ひたすら子どもを溺愛し、甘やかし、場合によっては、「とんびがタカを産んだ」などと自分の子どもを誇りに思っているケースさえあるほどです。

小さなうちは、「ちょっとワガママなお

姫さま」ですむのですが、その状態をそのままにしておくと、思春期には「暴君な女王さま」に成長し、親を脅かすようになります。

親のほうも、だんだん子どもの顔色をうかがうようになり、子どもが怒り出しそうになったり、泣いたり、不安がったりすると、ビクビクし出します。

子どもはそんな親の様子に気づいており、さらに傍若無人に振る舞います。

このようなお姫さま型の女の子の潜在意識には、「私は特別な子どもだから、何でも思いどおりになるはず」「他人は私よりも価値がない」「思いどおりにならないときには、怒ったり、泣いたりすればいい」という思いがあります。

外では家にいるときほどひどい振る舞いをしないにしろ、そうした内面は周囲に伝わってしまうのでしょう。

たいていの場合、多くの人から敬遠されます。

では、こうした女の子が大人になったら、どうなってしまうのでしょう?

まず、恋人や夫、または子どもなどを親に見立て、自分の思いどおりに動かそうとしてしまいがちです。

また、自分の失敗や努力不足をすべて親のせいにする癖がついているので、何か問題が起こったときには、すべて相手や環境のせいにします。

そうして自分で責任をとろうとしないので、周囲には嫌われ、自分も成長しません。

いずれにしても、横暴で自己中心的な振る舞いや考え方は将来、その子を幸せから遠ざけ、災いをもたらします。

もし、「うちの娘って、ちょっとそういうところがあるかも」と感じたら、親としての威厳を取り戻してください。

子どもがかわいいあまりに、つい「失敗させたら傷つくだろう」「困ったら、かわいそう」と、何でも手伝ったり、助けてやったりするというのではなく、あえて失敗させたり、困るような体験をさせましょう。

たとえば、「なぜ起こしてくれなかったの！」と言われても、「自分で起きなさい」と突き放し、遅刻して恥をかく体験をさせればいいのです。

そうすれば、次から自分で考え、行動できるようになります。

バカにした態度や言葉には、断固として抗議してください。

「あなたにそんなことを言われたくない。二度と言わないでちょうだい！」と。

あなたは、あくまでもその子の親なのです。

3 親思いで反抗もせず、家の手伝いもよくしてくれる

「うちの娘には反抗期なんてありません。いつも家のことを手伝ってくれて、私の相談にものってくれます」

イクコちゃん（中3）は、妹や弟の面倒、食事の支度や洗濯なども手伝うので、お母さんはすっかり頼りにしています。

思春期の女の子が反抗もせずに、家事や育児を手伝ってくれるとは、何ともうらやましい話です。

ただし、問題はありそうです。

いい子には間違いありませんが、ただでさえ心や体が大人へと向かい、何かと不安定なのが思春期の女の子。

学校でも、たくさんのストレスを抱えているのが普通です。

どんな子どもでも、家では家族に甘えたり、文句を言ったりして、ストレスを発散したくなるときがあるはずです。

それなのに、親のストレスを軽減するために、本来ならば親の責任である家事や育児を負担し、そのあげく、親のカウンセラーがわりにまでなっているとしたら……。

私がセラピーをしていて驚くのは、思春期の女の子が親（ほとんどが母親）の相談にまでのってあげているというケースが、意外なほど多くあるということです。

そして、そうした女の子の親はたいていの場合、精神的に自立できておらず、幼稚性が残っています。

そこで、しっかりしている娘を自分の親に見立て、頼ったり、甘えたりと依存してしまうのでしょう。

表向きは、やさしくてしっかり者の娘と、それに感謝している親というように見えます。

しかし、内情は娘が親がわりであり、

親が子どものような関係です。

親のカウンセラーになっている子どもの潜在意識には、「自分は、親の役に立つことによって初めて、存在価値がある」「親を喜ばせるために早く大人にならなければ」「自分の気持ちや欲求よりも親を優先しなくてはいけない」「自分が親を幸せにしなければならない」という思いが隠されています。

彼女たちの心の奥底の願いは、何とか親の役に立つことで自分の存在意義を証明し、親からの愛情を得ることです。

そのために、両親の夫婦関係の仲裁、母親の不倫の相談にまでのらされている女の子もいます。

こうしたことが続くと、自分のことはついおろそかにしてしまうようになったり、大人になってからも、心からの喜びや幸せを感じられなくなったりすることになりがちです。また、「こんなに私がやっているのに……」といつも満たされない思いを抱えるようになるかもしれません。

もしも、子どもが反抗することもなく、家事を手伝い、下の子の面倒や親の相談にまでのっているのならば、子どもとして十分な安心感を得ていないのかもしれません。

では、どうすればいいのでしょう？

何よりも大切なのが、親が精神的に自立し、子どもの負担を減らすことです。

もしも、あなたがそのことに気づいたら、子どもに依存している自分の配偶者のケアをしてあげてください。

あなたがケアをしてあげられていないぶん、娘さんの心に過分な負担がかかっているのです。

逆に、「もしかすると自分は娘に甘えていたのかも」と気づいたら、どうぞ、今からでも遅くはありません。

今度は娘さんがあなたに甘えられるような親になってあげてください。

そうして、今まで絵に描いたように、いい子だった娘さんが反抗したり、言うことを聞かなくなったりしたら、それは娘さんの心を抱きしめられた証拠です。

思春期の女の子として、むしろ健全な状態になったのだと考えましょう。

4 父親、もしくは母親を嫌っている

「小学5年生くらいから、パパとあまり口をきかなくなって、『パパの物と一緒に洗濯しないで』なんて言うんですよ」

アオイちゃん（中1）は、なぜだかパパがうざったくてしかたがないようです。

パパはかわいい娘に冷たくされて、ショボンとしています。

思春期の女の子がいる家庭では、よく見られる光景です。

小さい頃はパパっ子で、ベタベタとまとわりついていた娘が、思春期に入ると、だんだん父親に嫌悪感を抱くようになり、口もきいてくれなくなる……。

父親にとっては何とも寂しく、情けない話ですが、これも女の子が大人の女性になるための通過儀式の1つだと思うしかないでしょう。

ただ、あまりにも父親が権威的、あるいは暴力的なために娘が嫌っているのならば、それは父親が反省すべきです。

子どもの潜在意識には、「父親は私を奴隷のように扱う」「男はワガママでどうしようもない存在だ」という思いがあるかもしれません。

思春期の女の子は、男の子以上に父親や母親を1人の人間として、冷たくシビアな視線で観察しています。

「子どものくせにエラそうなことを言うな」と感情的になる前に、反省すべき点、恥ずべき点はないかと自問自答してみてください。

逆に、思春期の女の子がいつまでたっても父親にベッタリで、一緒にお風呂に入ったりするのも問題です。

さりげなく、母親が諭してあげましょう。

なお、女の子が母親を嫌う場合は、もしかすると、母親の「女性」の部分を嫌っているのかもしれません。

母親は同じ女性として、子どものモデルになるように努めてください。

いずれにしても、思春期の女の子に対しては、心はしっかりと抱きしめつつ、肉体的距離は少しずつ離れて、遠くから見守れるようになることが大切です。

5 親子ではなく、まるで友だちのような関係

「私と娘は、まるで親友のような関係です。だから姉妹みたいだとよく言われます」

ミサキちゃん（中2）とお母さんは、とても仲よし。

だからミサキちゃんは、何でもお母さんに相談します。

お揃いの洋服やアクセサリーももっています。


最近、このような親子をよく見かけます。

親子の仲がいいのはけっこうなのですが、中には、親子というよりも親友のような、あるいは兄弟、姉妹のような関係性の親子もたくさんいます。

とくに母親と娘が、このような仲よし親子になるケースが多いようです。

こうした親子の場合、母親の潜在意識には、「女はいつまでも若くて、かわいいほうがいい」「娘に嫌われるのは嫌だから、うるさい親ではなく友だちになろう」「親として責任をもつのはしんどい」というような思いが隠されています。

かたや、娘の潜在意識には、「うるさい親がいなくていいけれど、しっかりした親がいないことは不安」「いつまでも大人にならなければ、面倒な責任をとらなくてもいい」というような思いが根づくかもしれません。

しかし、はっきりしているのは、親は子どもの友だちでも姉妹でもない、ということです。

親だからこそ厳しいことも言わなくてはいけませんし、子どもに何かあった場合には責任をとらねばなりません。

子どもに嫌われることを恐れて、子どもと同じフィールドに入ってしまうと、一見、子どもは喜んでいるように思えます。

ところが、子どもは何が許されて、どこまで自由にしたらいいのかがわからず不安になっていることも多々あります。

親である以上、親としての威厳をもち、ときに厳しく、ときに悪者になり、「ここまではOKだけど、ここからはNG」だという枠組みをしっかりつくってあげましょう。

6 両親が不仲であるか、別居または離婚している

「主人と離婚することになったんですが、子どもにどう言えばいいかわからなくて……」

ユイちゃん（中2）のお母さんは離婚することになり、子どもたちの将来を不安に感じています。

今や3組に1組が離婚をする時代です。

おそらく、たくさんの子どもたちが親の離婚を経験していることと思います。

親は、離婚によって子どもに与える影響をとても心配します。

中には、離婚したいけれども、経済的な理由や子どものためを思い、長いこと耐え忍びながら結婚生活を続けている親もたくさんいます。

私のセラピーは潜在意識を扱うものなので、普通のカウンセリングも、より深くクライアントさんの人生にかかわらせていただくことになります。

その中で、かつて子どものために離婚せず、我慢をしながら結婚生活を続けていた母親をもつ女性の潜在意識には、「私のためにお母さんは不幸になった」「私は邪魔な存在だ」「女は弱いものだ」「女は1人では生きられない。だから耐えるしかない」というような思いがずっとあったことがわかります。

離婚することになった場合に子どものために大切なのは、結婚していたとき以上に、親が幸せでイキイキと暮らしていることです。

子どもは、誰よりも親の幸せを望んでいます。

いくら両親が一緒にいても、憎しみ合っていたり、ケンカばかりしているというのでは、そのほうが子どもへのダメージは大きいのです。

また、子どもの前では、絶対にもう一方の親の悪口やグチを言ってはいけません。それだけで、子どもの心は、親が考えているよりはるかに傷つけられるのです。

子どもにとっては、命をくれた、この世でたった1人の父親であり、母親です。もう一方の親の悪口を言うことは、子どもの存在そのものの悪口を言うことと同じ。厳に慎みましょう。

7 親の期待に応えようと頑張りすぎている

「うちの子には、私ができなかったことをすべてやらせてあげたいの。そして、最高の人生を手に入れてほしいのよ」

レイカちゃん（小6）のお母さんは、弁護士になるのが夢でした。

しかし、志望していた大学に落ちてしまい、泣く泣くあきらめました。

だから、レイカちゃんには、どうしても弁護士になってもらいたいと思っています。

親がかつてあきらめた夢や生き方などを、自分の子どもを使って叶えようとする――。

こうした話をよく耳にします。

親自身は、すべては子どもの幸せのためだと思っているのでしょう。

最近、とくに目につくのが、あからさまには「弁護士になれ」「医者になれ」「バイオリニストになれ」などと言わないケースです。

そのかわりに、表向きは「あなたの好きな職業に就けばいいのよ」と言いながら、小さな頃からこっそりと、「女性の弁護士って格好いいよね」「バイオリニストになったら世界中を旅してまわれるよ」などと、子どもにその夢を植えつけていきます。

だから、子どものほうも、あたかも自分で決めた夢のように感じているので、勉強や練習が大変でも頑張ろうとします。

しかし、潜在意識レベルでは、子どもはちゃんと察しています。

「親を幸せにするために私が弁護士にならなくては」

「私が理想どおりの人生を手に入れたら、親は誇らしいだろう」

恐ろしいのは、そうした親の潜在意識には、「子どもは自分の分身のようなものだから、人生の延長コードとして使わせてもらおう」というような思いがある

ことです。

子どもは、つらいときでも、「親は自分のために頑張ってくれているのだから」と思い、親に感謝しながら努力します。

そして、大人になり、その夢が叶ったとしましょう。

当然のことですが、親は大喜びします。

しかし、子どもはどこかで、何だか自分の人生を生きていないような違和感を覚えます。

いくら人からうらやましがられるような人生を手に入れても、幸せを感じられなかったり、喜べなかったりするかもしれません。

中には、それで心や体のバランスを崩す人もいるほどです。

もしも、思春期のお子さんが、すでに将来の目標を決め、努力を重ねているとしたら、ぜひ、「子どもの夢は、もしかすると私の夢の押しつけではないか？」と疑ってみてください。

思春期のうちならば、まだ間に合います。

今一度、本当に子どもが望んでいることなのかどうかをじっくり考えてみていただきたいのです。

外国の大学に行くことが、本当に子どもが望んでいることだったろうか……。

東大に入ることは、最初から子どもの夢だったろうか……。

タレントになることは、単なる親のあこがれではないだろうか……。

思春期の今ならば、親ではなく、子ども自身の能力や才能、魂が喜ぶような夢を自由にもち、それに向かって進むことができます。


どうぞ、お子さんにはたくさんの本を読ませ、幅広い体験をさせてあげてください。そして、現実と夢のギャップも教えてあげてください。


夢だけではなくお金もなくては生きていけないことや、ほとんどの大人たちは一番好きなことと、食べるためにしている仕事が違うこと。

その中で、思春期の子どもは自由に考え、想像し、たくさんの選択肢の中から、自分の人生を選ぶことでしょう。

親にとっては、子どもが魂レベルで喜びを感じながら生きること、自分の人生を自分で選び、納得しながら生きることが何よりの幸せです。

そのためにも、たくさんの選択肢を与えてあげることが、親としての役割なのです。

親であるあなたへのメッセージ

何かと反抗的で、感情的にも不安定で扱いにくいのが思春期の子どもです。

とくに女の子は親に対する見方が厳しく、シビアになってきます。

小さな頃のように、あやしたり、おだてたり、ではごまかせません。

親の本音や生き方そのものを見抜こうとしているのが、思春期の女の子なのです。

もちろん、親といえども、1人の人間です。完璧な親など、この世に1人もいません。

大切なのは、親が1人の人間として、自分らしく幸せに生きつつ、親であることを心から楽しめているかどうかということです。

誰もが尊敬するような立派な親であっても、親本人が無理をしていたり、「子育ては人間としての責任を果たすためのものだ」と感じていたら……。

それは、他の誰かをだませたとしても、自分の潜在意識と、わが子をだますことはできないでしょう。

◆ときには、子どもに対する自分の言動を振り返ることも大切

中学時代に一時、不登校になったことを除けば、真面目な性格で、世間で言うところのいい子ちゃんだった私の娘の思春期は、「ちょっと扱いづらくなったかな」という程度のものでした。

それに乗じて、母親である私は「親としての責任は果たした」とばかりに、娘が高校を卒業してからは仕事に打ち込んできました。何に対しても猪突猛進となってしまう性格の私は、家庭の細かなケアは大学浪人中の娘に依存していたのです。

そんなある日、遅くに帰宅した私は、家の用事をしておいてくれなかった娘を叱り、もっともらしい理屈を並べ立ててしまいました。

すると突如、私の頭のてっぺんから、ザバーンと大量の水が……。

「な、何？　何？」と、戸惑う私をしり目に、娘は「お母さんは身勝手すぎる」と一言。空のバケツを手にしてスタスタと引き返していきました。

一瞬、「親に向かって、なんてことを！」と思いっきり怒りたくなりましたが、「いつもおとなしい娘に、いかに自分が甘えていたのか」「私が知らず知らずのうちに娘にやってい

た身勝手さに比べたら、娘が私にしたことなんて小さなことだ」と悟り、文字どおり、頭を冷やすことができました。

世間から見れば、私はいつも「いいお母さん」でした。

でも、真の意味で娘の心をいつも抱きしめてやれていたとは言えない、「ダメ母」でした。

その後、私は娘にも息子にも、恥を忍んで謝罪しました。

何度も謝っているうちに涙が出てきましたが、子どもたちはそれぞれ、何も言わずに聞いていてくれました。

しかし、その後、私と子どもたちとの関係性は明らかに変わりました。

私は子どもを1人の大人として認め、子どもを心から尊敬できるようになりました。

親としても、素直に愛情を表現し、以前よりも正直で親密なつき合い方ができるようになったのです。

親も、思春期の子どもと一緒に成長できることもあるのですね。

◆親が子ども時代に受けた心の傷を癒す

思春期の子どもは、とかく扱いにくいもの。

しかし、どんな子どもも、いくら反抗していようとも、心の底では親の幸せを願っています。

親の心の底にある不安、痛みは、子どもの心を不安定にさせ、何らかの形で問題となって表面化し、子どもの心の痛みとなります。

だから、まずはお子さんのためにも、あなたの心の傷を癒すことが大切です。

- あなたの父親が、心の底であなたに望んでいたことは何だと思いますか？
- あなたの母親にとって、あなたはどんな存在だったでしょう？
- あなたが最もつらかったとき、親は何をしてくれましたか？
- あなたは親のどんなところが好きですか？
- あなたは親のどんなところが嫌いですか？

目を閉じて、あなたが子どもの頃、最も親の助けを求めていたときのことを思い出してください。

そして、心の目でその小さなあなたを見て、感じようとするのです。

「その子は今、どんな気持ち？」

「その子は、何をしてもらいたいと本当は思っているの？」

感じることができたら、その子が望んでいることを、イメージの中で今のあなたがしてあげましょう。

そして、「つらかったね。よく頑張ったね。泣いたっていいんだよ。今は大変かもしれないけど、あなたなら、きっと幸せになれるよ。心から喜び、自信をもてる日が必ず来るからね」と言ってあげてください。

きっと、あなたのお子さんとの関係にも、陽が差してくることでしょう。

親子関係をよくする〝もしもの質問〟

〝もしもの質問〟は、ただ答えようとするだけで、親である、あなたの潜在意識を刺激し、お子さんとの関係性を良好なものにします。

「もしも、あなたとお子さんの体が入れ替わってしまい、10年後まで戻れないとしたら、あなたは10年間で何をしますか？
また、お子さんに何をお願いしますか？」

ちょっとコミカルな質問ですが、いかがでしょうか？

「子どものために必死で勉強して、いい大学に入り、有名企業に就職しておいてあげる」

「まずは、子どもの学力に追いつくために勉強しなくちゃ……」

「子どもには、とにかく体を大事にしてくれとお願いする」

「子どもには、体が入れ替わっているうちに、課長になっておいてくれるようにお願いする」

などなど、面白い答えが出てきそうですね。

じつは、この質問は私の娘が中学生のときに、私自身によくしていたものです。

その答えは、決まって次のようなものになりました。

「若い体に入れるのはいいけど、また中学に行って、勉強やら体育やら友人関係やらで気を遣うのか……。考えただけで、ゾッとするなあ。でも、思えば娘は毎日、それをやっているんだよなあ」

思春期の子どもの毎日はストレスでいっぱいです。

どうか、そこのところをわかってあげてください。

第5章

傷を広げないためにも、ここが親の正念場です
——危険行動の問題

思春期の女の子を取り巻く環境は危険がいっぱい！
ちょっとした油断や心のすき間に入り込む、
恐ろしい闇がたくさん待ち受けています。
親は女の子を危険な道へと走らせる正体を知り、
守らなければいけません。ぜひ、
親としての役目をしっかりと果たしてください。

1 不登校になってしまった

「もう1カ月も学校を休んでいるんです。このままでは高校に行けないのではないかと心配で……」

中2のノゾミちゃんは、2学期になってから1日も学校に行っていません。

「学校に行かなくちゃ」とは思っているようですが、どうしても行けないのです。

今や不登校は、1つの社会問題でもあります。

多くの場合は、体調不良を訴えて休み始めますが、欠席の本当の理由がそうではない場合は、徐々に学校に行けなくなることに……。

子どもが不登校になると、親は当然、焦ります。

はじめのうちは何とか学校に行かせようとするかもしれませんが、ことはそう簡単ではありません。

ただ学校にさえ行けばいいというわけではないからです。

不登校になる子には、それ相応の理由や原因があります。

まず、疑われるのはいじめです。

それから、いじめまではいかなくても、クラスや部活動に自分の居場所がないとき。

勉強についていけないとき。

子どもが内弁慶などで、とても打たれ弱く、ちょっとのことですぐ傷ついてしまい、立ち直れず、学校に行く勇気がもてないとき。

いじめや勉強などが理由の場合の対処法については、これまでのところでお話ししたとおりです。

最後の「子どもが傷つきやすい」という場合は、これまで親が子どもを大事にしすぎてきたのかもしれません。

傷つきやすい子どもの潜在意識には、「私はみんなよりも弱く、何もできない」「親の庇護の下にいるのが一番安全だ」という思いが隠れているケースが多々あります。

すでにその状態の子どもを無理やりに学校に行かせるのは得策ではありませんが、このような場合、親は子どもを意識的に、あえて手放していく必要があるでしょう。

2 服装や髪型が派手になった

「高校に入学してから、メイクをし出したり、髪を染めたりし始めて……。注意しても、『周りの子は、みんなやっている』と言うんです」

ユキナちゃん（高1）は最近、服装や髪型が派手になってきました。

親が注意しても、「だって、これくらいみんなやってるよ」と平然としています。

中学までは真面目そうな子だったのに、高校に入ったとたん、髪を染めたり、メイクをし出す女の子を多く見かけます。

今では小学生、中学生向けのファッション雑誌も多く出ているため、それぞれ好みのジャンルのファッションを取り入れるのは当たり前のようになっています。

だから、髪を染めた、メイクをしたからといって、昔のようにすぐさま「不良になったのでは？」と焦る必要はありません。

問題なのは、大人びた格好をすることによって、軽薄な男性の興味をひいたり、性被害にあう危険性が高まることです。

まずは、そのような現実を子どもに率直に教えてあげてください。

何でもかんでも物わかりよく、親が許容してしまうと、子どもは歯止めがきかなくなり、いずれは生活全体がルーズになっていきます。

ちなみに、そのような子どもの潜在意識には、「女は派手なほうが男に選ばれる」「ルールや規範を破ることこそが大人になった証だ」というような思いがあります。

ファッションは基本的に自分を表現するものとして、ある程度は自由に認めてあげてもいいでしょう。

しかし、少なくとも校則にはしっかりと従うべきであること、TPOに合わせた身だしなみをするべきであることなどは、ちゃんと教えておく必要があります。

その際には、「ダメなものはダメ」と毅然とした態度で言いきりましょう。

3 出会い系サイトを使っている

「ネットで知り合った人と連絡を取り合ったり、会ったりもしているようなんです……」

高1のミスズちゃんと友だちは、フェイスブックやLINE、出会い系サイトなどで知り合った人と遊んだり、アルバイトを紹介してもらったりしているようです。

思春期の子どもにとって、スマホは生活必需品です。

とくに思春期の女の子にとっては、友だちといつもつながっているために絶対的に必要なツールです。

しかし、女の子にとっては危険な面もたくさんあります。

とくに危険なのが、出会い系サイトの利用です。

出会い系サイトにかかわる犯罪の被害者の80%が18歳未満であり、そのほとんどは女子中学生と女子高生だと言われています。

売春、レイプ、詐欺などその犯罪は卑劣で、女の子の心や人生を傷つけるものばかりです。

そのような犯罪に巻き込まれる原因は、「メールだけだから危なくない」「暇つぶしにちょうどいい」などといった安易な考えにあります。

もしかすると、そうした彼女たちの潜在意識には、「寂しいから誰かとつながっていたい」「誰かに注目され、関心をもたれたい」という思いがあるのかもしれません。

親としてできることとしては、物理的にそのようなサイトにアクセスできないようにする方法もありますが、それをしたところで、また別な方法を見つけることでしょう。

それよりも、日頃から出会い系サイトの危険性を話題にし、被害者がどんな目にあったのかを教えましょう。

そして、最も大切なのは、原因が寂しさや孤独感にあったのだとしたら、子どもの心を抱きしめることです。

抱きしめる方法は、「ありのままのあなたを愛している」という行動であり、「いつもあなたを気にかけているよ」という温かな視線です。

けっして、口うるさく言うことではないことを、しっかりと覚えておきましょう。

4 万引き、夜遊びなど非行に走っている

「『友だちの家に泊まる』と言っていたんですが、本当は街で夜遊びをしていたらしいんです。注意したら、『だったら、家出する』と言うし……」

メグミちゃん（中2）は、ちょくちょく友だちの家に泊まり、夜の街に繰り出したり、コンビニの前でたむろしたりしています。

今は、一昔前のように、パッと見て「不良」だと感じる子はあまり見なくなりました。

だからといって、思春期の子どもの非行がなくなったわけではありません。

それどころか、現代はインターネットの普及や精神的な幼稚さから、ごく普通の子どもが、ちょっとしたはずみで道を踏み外してしまう時代です。

前の項目でお話ししたとおり、出会い系サイトなどを利用すれば、身元のはっきりしない人と簡単に知り合いになれますし、会おうと思えばいつでも会うことができます。

そこから夜遊びや売春、違法薬物、家出、妊娠、レイプ……などなど、思春期の女の子にとっては大きすぎる代償を払うはめになることも多々あります。

昔は、夜遊びや万引き、シンナー、タバコ、校内暴力などに走る子どもは、貧困、虐待や育児放棄、さらには両親が不仲であったり離婚しているなど、家庭に問題がある場合が多いとされてきました。

しかし、今では必ずしもそうとは言えません。

両親がそろっていて、比較的裕福、これと言って大きな問題があるわけでもない普通の家庭の子どもが、気づいたら大変なことをしていた、ということが多いのです。

その背景には、おもに2つの原因があるのではないかと思います。

1つは、親の意識が、自分自身に向かい、子どもの心に向かっていないこと。

具体的には、本来、最も大切にすべき子どもの心をなおざりにして、親自身の出世や、自己実現のための習いごとなどに意識が傾いていることです。

子どもは、親の本当の気持ちを敏感に察します。

だから、そんな子どもの潜在意識には、「私は重要ではない」「私の人生よりも親の人生のほうが輝いている」などの思いがあるのかもしれません

もう1つは、子どもがかわいいあまり、過保護、過干渉に育て、子ども自身の考える力や危険を察知する力を伸ばしていないことです。

過保護で過干渉な親は、「子どもに失敗させるのはかわいそうだ」「子どもに痛い目にあってほしくない」という思いから、子どもの行く道を先回りして、障害物を取り払います。

このような子どもの潜在意識には、「何も考えなくても誰かが何とかしてくれる」「面倒なことはできるだけ避け、やりたいことだけやろう」というような思いが根づくでしょう。

以上のことからもわかるように、ごく普通に見える家庭であっても、本当の意味で子どもの心の成長を促していない、親の姿勢が問題なのです。

子どもが小さいうちは、何ら問題はないように見えても、思春期に入り、家庭から社会へと子どもの行動範囲が広がってくるにつれ、問題も否応なしに広がっていきます。

とくに女の子の非行の場合は、心や体、ひいては人生をも傷つけるような大問題にもなりかねません。

まずは、非行につながる行動や小さな非行の兆しに気づく必要があります。

子どもが「友だちの家に泊まりたい」と言った場合には、必ず相手の親と連絡を取り合うか、自宅に泊める。あるいは、「外泊は何があっても禁止」など、ルールを決めます。アルバイトなどについても、安易に承諾せず、よく話し合うべきです。

特別な事情がある場合でも、思春期の女の子にふさわしいアルバイトだけを厳選しましょう。

そして、何よりも大切なのは、子どもを甘やかさず、考える力を育むこと。

同時に、思春期ならではの子どもの心の苦痛や叫びに耳を傾け、心を愛情で満たしてあげることです。

そのためにも、日常のさりげない言葉がけや、毎日の会話をしながらの食事だけは、つねに心がけたいものです。

5 周囲に安易に性行為をしている子がいる

「娘の友だちが妊娠して、中絶したという噂を聞きました」

チナミちゃん（中3）の同級生が中絶したという噂が流れ、子どもたちも親も落ちつかない気持ちのようです。

もう数十年前になりますが、中学3年生の女子が妊娠、出産する学園ドラマがあり、大変話題になりました。

当時としては、とてもセンセーショナルなテーマだったからです。

しかし、もしかすると、現代ではそう驚かないテーマとなってしまったのかもしれません。

女の子が初めて性体験をもつ年齢はどんどん低くなっています。

さすがに中学生が妊娠という事態は少ないとは思いますが、高校生になると、けっして少ないとは言えない数になるのではないでしょうか。

現に私は、これまで検診のために産婦人科を訪れた際に、毎回、女子高生と母親が中絶の相談に来ている現場に出くわしています（驚くほど、その病院の産婦人科の待合室は診察室の声が筒抜けなのです）。

さらに、セラピーを通して、思春期の頃の性体験がもとで中絶し、心の傷を負っている女性が多いことにも驚かされます。

安易に性行為をしてしまう女の子の潜在意識には、「誰かに愛されたい」「男性を喜ばせられなければ愛されない」という思いが隠れているのかもしれません。

そこからは、自分を大切にするための自己肯定感の低さと寂しさがうかがえます。

実際、セラピーの場でも、さまざまなものに依存する傾向がある女性は、セックスに依存する場合が多々あります。

それは、まさに満たされない心を埋める行為です。

女の子は男の子と違い、思春期になってからも比較的、スキンシップを許してくれるものです。

ときには、お母さんが添い寝したり、一緒にお風呂に入って背中を流したり、髪をとかしたりと、娘さんの心にも体にも愛情を注いであげてください。

6 拒食症、あるいは過食症である

「ダイエットをしていたのは知っていましたが、まさかこんなにも痩せてしまうなんて。何を言っても食べてくれなくて……」

サトコちゃん（中2）は、1年生のときに男子から「太っている」とからかわれ、ダイエットを始めました。しかし、今ではげっそりと痩せているのに「まだ太っている」と言い続け、まともに食事をとりません。

「摂食障害」は思春期の女の子に多い、心の病気です。

摂食障害には、大きく分けて2つのタイプがあります。

1つは、食事を極端に制限し、どんどん痩せていく「拒食症」。

もう1つは、最初はダイエットをして食事制限をしているのですが、どこかでまるでタガが外れてしまったかのように、信じられない量の食べ物を一度に食べては吐くということを繰り返す「過食症」です。

この2つは、どちらも「痩せたい」という強い思いが原動力となっています。

一見、「ただ痩せたり、吐いたりしているだけなら、そんなに心配することではないのでは？」と思うかもしれません。

しかし、摂食障害はなかなか治りにくく、とくに拒食症の場合は死に至る可能性もある恐ろしい病気です。

周囲がいくら心配して食べさせようとしても、頑として受け入れず、食べようとしません。少しでも体重が増えることを異常に恐れ、痩せすぎであることに本人は気づいていないケースも多々あります。

体重が減ってガリガリであっても、本人は気分がよく、以前よりも活発に運動することもありますが、しだいに体は衰弱していきます。

私のクライアントさんにも摂食障害に悩んでいる方や、お子さんが摂食障害である親御さんが多くいます。

中学生のときに発症した摂食障害が40代になっても治らず、生理も止まっていたため、子どもをもつことが叶わなかった方もいます。

摂食障害の女性の潜在意識には、「大人になりたくない」「少しずつ消えていきたい」「痩せていなければ私は認められない」などの悲しい思いが隠れています。

過食症についても同じです。

満たされない心を食べ物で埋め、その食べ物とともに寂しさや虚しさを吐き出しています。

摂食障害を発症する年齢は思春期が最も多いことからもわかるように、まさに子どもから大人への変化に対する混乱や親との分離に対する不安などが、症状として現れた1つの形とも言えます。

私がもっている事例からは、摂食障害になった女性の親との関係性には、いくつかの特徴があります。

まず、1つ目のタイプは、親がとても厳しく、完璧主義である場合です。

とくに父親が威圧的で、母親が父親に依存している例が多く見られます。

2つ目のタイプは、親が子どもを精神的、肉体的、性的に虐待している場合です。

3つ目のタイプは、親が過保護、過干渉で親子関係が密着しすぎている場合です。

また、子どものほうは真面目で繊細な子が多く見られます。

とくに女の子の場合は、母親との関係性や、母親の生き方が強く影響することもあります。

もし、娘さんが摂食障害ならば、食べるように強要したり、叱ったりしてもムダです。すぐに専門医に診せるようにしましょう。

治療は長くかかりますが、その中で、親はもう一度、赤ん坊から育て直すような覚悟で、子どもに愛情を注ぐ必要があります。

また、親自身も自分の生き方を見つめ直し、精神的、経済的自立を目指すことも大切です。

そうすることによって、子どもは自立の方法を学び、安心して大人の階段をのぼることができます。

いずれにしても、思春期の女の子のダイエットには、よくよく注意を払ってください。

そのためにも毎日、食卓をともに囲むことが大切です。

7 リストカットなどの自傷行為をしている

「腕に何度も切りつけたような痕を見つけました。主人に言ったら、娘を叱りつけていました」

カナコちゃん（中1）の腕にはカッターナイフで切りつけた痕がたくさんあります。

その傷はこんもりと盛り上がっていて、何度も何度も切りつけたことがわかります。

思春期の子どもの問題行動の1つに、腕の内側を切りつける、髪の毛を引き抜く、頭を壁に打ちつける、などの自傷行為があります。

たいていの場合、すぐに死に至るようなことはありませんが、自分の体を痛めつけるという行為の延長線上には、「自殺」という最悪の結末も考えられます。

思春期のうちはリストカットや爪を深く切り込んでいくなど、わかりやすい形での自傷行為をしているケースが多いのですが、成長するにつれ、アルコール依存や薬物依存、もしくは暴力を振るう男性との交際というように、違う形で自分を傷つける選択をする可能性も高くなります。

自傷行為をしているときは、どの子も「何だかスーッとする」「気持ちがいい」「生きている感覚が味わえる」などと言います。

自分を痛めつける行為を繰り返してしまう子の潜在意識には、「誰もわかってくれない」「自分なんかいないほうがいい」「自分には問題を解決する力がない」「苦しいときには自傷によって解決するのが一番だ」というような苦しい思いがあるのでしょう。

そして、自傷行為を繰り返すうちに、だんだんその行為がエスカレートしてきたり、死ぬつもりはないのに、頭に血が上って高いところから飛び降りたくなったり、思いっきり深く腕を切りつけたくなったりすることもあります。

もしも、子どもの自傷行為に気づいたら、「何やってんだ！」とやみくもに怒ったり、「こんなことして恥ずかしくないのか！」と責めたりしては絶対にいけません。

まずは、「こんなことをするなんて、つらいね」と子どもの心に寄りそい、「お父さんとお母さんと一緒に乗り越えよう」と言ってあげてください。

また、「どうしてこんなことするの？」と聞いても、たいていは「わからない」「やったらスッキリするから」「別に」などと答えるだけです。

そう、じつは本人もちゃんとした理由などわかっていないことのほうが多いのです。

理由がわかり、それを親に説明できるくらいならば、自傷行為などしないでしょう。

ちなみに、自傷行為をしてしまうのも、やはり自分の心と体を大切にすることが苦手な、自己肯定感の低さから来ている、というのが私の考えです。

あるいは、親から暴力を振るわれていることも多々あります。

さらには、父親が母親に暴力を振るっているのを、ずっと見てきたケースもあります。

つまり、そうしたストレスにさらされると、自分や誰かの体を痛めつけることのハードルがグンと下がるのです。

それどころか、痛めつけることによって問題を感じないようにしているのでしょう。

自傷行為をしてしまうお子さんには、何よりも自分や他人の体を痛めつけないことの大切さを教える必要があります。

さらに、ストレスを感じたときの対処法も教えなくてはなりません。

ストレスを感じたときに暴れたり、自傷したり、誰かを傷つけることは本当の解決にはならないこと、そして、どんな問題であっても考えることや行動することで改善できるということを伝えるのです。

そのためには、あなた自身がストレスを感じたときに、どんな振る舞いをしているのかを、あらためて振り返りましょう。

もしも、それが自虐的なものであったり、誰かを傷つけるものであったとしたら、今すぐにやめてください。

自傷行為をしている子どもの心は体以上に傷つき、ボロボロです。

親は、その心の手当てをしなければいけません。

場合によっては、専門医に相談しましょう。

なお、親が子どもにできる心の手当ての方法は、子どもの存在そのものをありのまま受け入れ、愛していることを言葉で、行動で、表情で、できるかぎり表現することです。

しっかりと心に刻んでおいてください。

親であるあなたへのメッセージ

娘をもつ親にとって、思春期は子育て最大の山場となります。

なぜなら、思春期の女の子は傷つけられやすいうえに、自分で自分を傷つける危険性が人生で最も高い時期だからです。

また、思春期で抱える問題は、その後の人生に影響を及ぼすものがほとんどです。

だからこそ、親として本腰を入れて子どもに寄りそい、向き合い、ときに抱きしめる必要があります。

しかし、もしも親であるあなた自身が心や体、人間関係、人生に問題を抱えていたら、十分に子どもにエネルギーを注げないでしょう。

そして、その問題は、とても高い確率で、子どもが抱える問題とつながりがあるはずです。

なぜなら、何度も言うように、親と子どもはまるで合わせ鏡のように反応し合うからです。

もしも、お子さんが今、何らかの問題を抱えていたら、親である自分の問題について、よく考えてみてください。

◆子どもを危険行動から救うために

私のクライアントさんのカレンちゃん（高1）は、摂食障害で入院と退院を繰り返していました。

カレンちゃんの両親は別居中で、お母さんは他の男性と不倫をしていたのですが、カレンちゃんは親思いのやさしい女の子だったので、お母さんの新しい恋愛を応援していました。

ちなみに、そもそも私のクライアントさんだったのはカレンちゃんのお母さん。

そこで、カレンちゃんを心配して私のもとに連れてきたのです。

しかし、カレンちゃんの「食べられない」という思いは強く、なかなか症状はよくなりません。

私は、お母さんにもう一度、ご自身の問題と向き合っていただくことにしました。

すると、お母さんは自分が思春期の頃、性被害にあい、誰にも言えない心の傷を隠しながら生きてきたことに気づいたのです。

そして、その心の傷が男性不信となり、カレンちゃんのお父さんである夫との不仲、不倫へと自分を駆り立てていたのだと言いました。

さらには、その心の傷を癒してほしくて、カレンちゃんについ頼ってしまって、十分にカレンちゃんの立場や心に寄りそってやれなかったとも……。

お母さんは、それから自分の心の傷を癒すことに専念しました。

そして、その後、不倫関係に終わりを告げ、夫とはきちんと離婚し、カレンちゃんと2人で前向きに生きていく決心をしました。

すると、その経過の中で、徐々にカレンちゃんの体重が増え始めたのです――。

誰もがこのようにうまくいくとはかぎりませんが、今、子どもが抱えている問題の糸をたどっていくと、驚いたことに親が子ども時代に受けた心の傷にたどりつくことは本当によくあります。

ぜひ、愛する娘さんのためにも、あなた自身の心のケアをしてください。

◆親が子ども時代に受けた心の傷を癒す

どんなに反抗的でムカつく態度をとっていたとしても、心の底で親の健康や幸せを望まない子はいません。

それは、私たち親が子どもにどんなに腹を立てても、愛さずにはいられないのと同じです。親が「子どもが傷ついてほしくない」と思うように、子どももまた、「親が傷ついたままではいてほしくない」と思っているのです。

実際、親の心の傷は、そのまま子どもの心の傷になります。

だから、私たち親も自分の心を大切にケアしていく必要があります。

たしかに、大人になると自分の心を大切にする暇や余裕などなくなるでしょう。

でも、だからこそこの機会に、自分の心に意識を向け、メンテナンスをしていただきたいと思うのです。

まずは、目を閉じて、ゆったりと体をリラックスさせてください。

そして、とても疲れて、傷ついている、過去の自分の姿を想像してください。

そんな自分を見つけたら、心の中にあなただけの最高に安心できる場所をつくりましょう。

それは庭かもしれないし、浜辺かもしれないし、宇宙なのかもしれません。

あなたが最も癒される場所です。

あなたは、その場所でゆっくりと休める場所を探し、そこに座ります。

そして、宇宙や地球のあらゆる自然から、大きなエネルギーを自分の中に取り込んでいきます。

頭のてっぺんから足のつま先まで、温かくやさしいエネルギーでいっぱいになるまで、そうしているのです。

すると、あなたの心も体も、そして魂もすべてが癒され、リフレッシュしていきます。

あなたは、いつでもこの場所に来ることができます。

あなたは宇宙の一部であり、自然の一部です。

まさにこの宇宙、地球はあなたの源であり、両親のようなものなのです。

そう、あなたは守られ、愛され、幸せになるべき存在なのです。

子どもを危険から守る〝もしもの質問〟

〝もしもの質問〟は、ただ答えようとするだけで、親である、あなたの潜在意識を刺激し、お子さんを危険から遠ざけ、問題を改善するヒントが浮かんでくるようになります。

「もしも、あなたの命があと3カ月だとしたら、お子さんに遺していきたいものは何ですか？」

ちょっと悲しい質問だったかもしれませんが、いかがでしょう？

「子どもが20歳の誕生日を迎えるまでの20回分のビデオレターを遺したい」

「嫌がられても、たくさん抱きしめて、自分のぬくもりを遺したい」

「銀行強盗でもして、大金を遺したい」

これまた、いろいろな答えが出てきそうですね。

じつは、私が十数年前に大病をして死を覚悟したとき、２人の子どもは思春期真っ盛りでした。

そのとき、私は自分の口から遺言を遺そうと決め、２人の子どもを前に「しっかり勉強して、安定した仕事に就きなさい」と言うつもりでした。

ところが、口から出てきたのは、「人生の選択肢に迷ったときは、いつでも楽しいほうを選びなさい」というものでした。

私は自分の死を目前にして、最も子どもに伝えたかった本心がようやくわかりました。

あなたの人生はまだまだ続くと思いますが、最後のときではなく、今、その本心に気づき、大切な娘さんに、それを伝えるのもいいのかもしれません。

終章

思春期の女の子に親が与えるべき5つの力と、してはいけない11のこと

自分らしく幸せな人生を歩んでいける女性になれるかどうかは、思春期のすごし方で決まると言っても過言ではありません。

親が女の子に与えるべき力、そして、してはいけないことを知っていただき、ぜひ、娘さんの人生に最高のプレゼントをしてあげてください。

1 思春期の女の子に親が与えるべき5つの力

①自分を愛する力

ここまでのところでもお話ししてきたとおり、女の子が抱えるさまざまな問題の大きな原因の1つは、「自己肯定感の低さ」にあります。

自己肯定感とは、「自分はありのままで価値があり、愛し、愛される存在だ」という感覚です。

自己肯定感が高ければ、自分の心や体を大切にできます。

と同時に、自分だけではなく他者をも愛し、信用することもできます。

では、どうすれば女の子の自己肯定感を育むことができるのでしょう?

その答えは、2つあります。

1つは、言葉だけではなく、態度や表情、行動で「あなたを愛している。あなたが生きていてくれるだけで幸せだ」と伝えることです。

もう1つは、親もまた、自分の体や心をいたわる姿をお子さんに見せてあげることです。

日頃からこの2つを実践していれば、自ずと女の子の自己肯定感は高まっていくことでしょう。

②考える力

親が子どものかわりに何でもしてあげていると、子どもは考えることが苦手になってしまいます。

自分の頭で考える習慣がないと、大人になったときに親や夫、自分より力のある人に依存した生き方をすることになってしまいます。

さらには、人生のさまざまな場面で柔軟に問題に対応し、解決するという力も育たないため、結果として、つねに他人に振り回されがちな人生を送るはめにもなりかねません。

女の子の考える力を育むために、まずは「子どものくせに」「子どもは黙っていなさい」という言葉は封印しましょう。

そして、「どちらがいいと思う？」「どうしてそう思うの？」などと、日頃から小さなことでも子どもに選ばせ、考える習慣を身につけさせるのです。

ときには、親が子どもに相談をもちかけることもいいでしょう。

ただし、親としての威厳、信頼を失うような相談はいけません。

親は子どもの友だちではなく、あくまでも親なのだから当然ですよね。

③学力

女の子が自立して、誰にも依存せず自由に生きていくためには、経済的に自立していることが必要です。

しかも、できるだけ自分の魂が喜ぶような仕事に就いて、かつ高収入を得られれば、人生の質も上がります。

そのためには、どんな職業でも選べる学力をもっていることが大切です。

そうすれば、人生の選択肢がグンと増えますからね。

しかし、思春期の女の子にただ勉強をしろと言っても、なかなか聞いてくれません。

それよりも、一緒にニュースやドラマを見ているときなどに、当事者や登場人物の人生について話すことで、人生の選択肢について考える機会をさりげなく増やし、自ら勉強したいという気持ちにさせたほうが得策です。

また、親自身が目標をもち、学んでいる姿を見せることは、子どもへの最高のプレゼントになります。

今からでも遅くはありません。

ぜひ、あなたも目標をもち、そのゴールに向かって突き進んでしてほしいと思います。

④与える力

人間関係というのは、「ギブ&テイク」で成り立っているものです。

いつも与えてもらっているだけでは、これから先の人生を幸せに生きていくことは難しいでしょう。

実際、「くれくれ」とほしがるばかりの人に、人は与えたがりません。

それよりもまずは、「自分から相手に何を与えられるのか？」ということを、つねに考えられる女性にしたいものです。

そのためには、相手を思いやる気持ち、相手に与える喜びを教えておくのが一番です。

日頃から家の用事や手伝いなどといった役割をもたせ、その役割を果たしたときに親が心から感謝してみせると、子どもは人に何かを与える喜びを学びます。

また、物や行動だけではなく、誰かに対する「ほめ言葉」や「励ましの言葉」なども、相手にとっては大きな贈り物となるということについても教えてあげるといいでしょう。

いずれにしても、こんなところからも、テイク&ギブではなく、ギブ&テイクという言葉になることの意味が何となくわかりますよね。

⑤楽しむ力

人生とは、基本的にデコボコ道で困難なものです。

当然、成功することばかりではなく、失敗することも多々あります。

したがって、失敗して転んだときに、自分の力で起き上がり、再び歩き出せる力は何よりも大切です。

とはいえ、強くあることばかりを教えていると、嵐や雨風が吹いたときに、ポキッと折れる大木のようになってしまいます。

そうではなくて、雨や風が吹いたときにはしなやかにしなり、雨風がすぎると、再びすっくと伸び上がる、柳の枝のようでありたいもの。

いわゆる**「レジリエンス（回復力）」**の強い女の子にするために必要な力の1つが、ささいなことでも楽しめる力やユーモアです。

どうぞ楽しい会話やユーモアを意識的に家庭に取り込み、笑う回数を増やしてあげてください。

2 思春期の女の子に親がしてはいけない11のこと

① 子どもを自分の夢を叶える道具にする

「子どものためを思って……」

親ならば、誰もが考えることでしょう。

しかし、もしかすると、親がよかれと信じていることが、子どもの幸せにつながるとはかぎらないかもしれません。

「お金さえあれば浪人して医者になれたのに」「あの大学にさえ入れたら、人生が違ったのに」というような後悔が親にあると、つい自分の子どもには、その夢を叶えてほしいという気持ちになりがちです。

しかし、子どもは自分とは違う人間であり、その子独自の魂が喜ぶ生き方があります。

どうぞ、娘さんにはたくさんの選択肢をもたせ、その中から自由に人生を選ばせてあげてください。

そして、娘さんが選んだ人生を応援してあげてください。

②子どもとまるで友だちのような関係性になっている

「まるで姉妹みたいですねえ」「パパは友だちみたいな感じ」などと言われると、親としてはつい嬉しくなってしまいそうです。

しかし、親は子どもの友だちや兄弟姉妹になってはいけません。

大人と子どもの中間にいる思春期の子どもは、本当の意味での自由をわかっていません。

換言すれば、どこまで行動範囲を広げていいのかわかっていないということですね。

したがって、親は「いいことはいい」「ダメなことはダメ」と毅然とした態度で言いきり、子どもの年齢に応じた自由を許してやるべきです。

そうすることで、子どもは安心できる枠組みの中で自由を楽しむことを学びます。

また、子どもにとっての何でも屋さんになってしまうのもNG。

なぜなら、親に頼ることに慣れきってしまうと、子どもは他者との信頼関係を築くことができなくなってしまうからです。

友だちではなく、子どもにとっての最高の親になってあげてください。

③ 女の子だけに家事を手伝わせる

男の子の兄弟がいる場合に、「女の子なんだから……」と、女の子だけに料理や掃除などの手伝いをさせるのは厳禁です。

こんな言動をしていると、「家事は女がするものだ」という思い込みを、女の子にも男の子にも植えつけてしまいます。

今や、女性も社会に進出して、男性と同じように働き、自己実現ができる時代です。「結婚してからも、家事、育児は夫婦で平等に分担するものだ」と子どもには教えておきましょう。

ただし、その際には、「家事や育児だけではなく、経済的にもハーフハーフで分担するのが普通だ」ということも教えておかなければいけません。

そのうえで、子どもを産めるのは女性だけなので、そのときに経済的にも精神的にもサポートしてくれるような男性を選ぶように伝えておくことが大切です。

いずれにしても、女の子にも男の子にもしっかりと家事を教え、1人でも生きていけるようにさせておきましょう。

④白馬の王子さまが現れることを期待させる

セラピーをしていて驚くのは、仕事もキャリアもある素敵な女性たちの多くが、「経済力があり、何でも好きなことをさせてくれる、頼りになる男性に幸せにしてもらいたい」という願望をもち続けていることです。

まるで、白馬の王子さまがいつか現れ、幸せにしてくれることを夢見ているシンデレラのようです。

しかし、白馬の王子さまは現実の世界にはいません。

もし、いたとしても、そんなに素敵な男性だったとしたら、選んでもらえる保証はありませんし、結婚できたとしても浮気をされるかもしれません。

それよりも、女性自身が経済力をもち、自

分の好きなことをして、自分らしい幸せを自ら手に入れられるようになったほうが、はるかにいいですよね。

自分の人生や幸せを他人の手にゆだねるのではなく、自分自身で人生の手綱を握れるように、娘さんを導いてあげてください。

⑤いつまでも少女らしくいることを求める

日本の女性は欧米の女性に比べて、若さやかわいさに固執しすぎているかなと思うことがあります。

厳しい言い方をすれば、精神的に大人になりきれない男性が、母親のように世話を焼いてくれる女性や、アニメの主人公のような少女じみた女性を好む傾向があるせいなのかもしれません。

しかし、逆の見方をすると、娘を母親的な女性、少女じみた女性に育てると、マザコン男性やロリコン男性と恋愛しがちになるということです。

女性としてのかわいさは必要ですが、けっして幼稚である必要はありません。

親が内心で子どもが自立することを恐れ、「いつまでも赤ちゃんねえ」などと言って喜んでいると、子どもは成長せずに、かわいく幼稚なままでいようとします。

子どもにいつまでも幼稚さを求めるのはやめ、精神的な自立を促しましょう。

⑥子どもをお姫さまのように扱う

娘かわいさに、両親がまるでお姫さまのように子どもを扱い、ワガママを許してしまうと、高慢な女の子になってしまいます。

ワガママで高慢な女の子になることで、一番損をするのはその子自身です。

将来、社会に出たときに、みんなから嫌われ、敬遠され、孤独を感じることになるでしょう。

しかも、自分に問題があることを認められないため、周りを変えようとしたり、恨んだりするかもしれません。

親は、いつまでも子どものそばにいられるわけでありません。

親亡きあと、娘が信頼できる誰かに愛され、支え合いながら幸せに生きられる人間に育てることこそ、親の役目です。

子どもをお姫さまのように扱わず、必要なときには叱り、教え、謙虚で反省できる子に育てましょう。

⑦母親が依存的な生き方をしている

子どもにとって、同性の親は人生のモデルとなる存在です。

したがって、女の子にとっては母親の生き方がモデルとなります。

母親が口では「女は自立しなければいけない」と言いながら、経済的にも精神的にも夫や親に依存しながら生きていれば、子どもには「女は誰かに頼って生きるものだ」というメッセージのほうが強く入ります。

また、母親が父親に虐げられていても我慢しながら生きていたら、「女は耐えるものだ」というメッセージになるでしょう。

お母さん、ぜひ、娘さんのためにも自立的な生き方を目指してください。

目標をもちながらイキイキと仕事をする姿や、父親と同等に意見を交わし、人生の主導権をもつ態度は、きっと娘さんの人生にいい影響を及ぼすはずです。

⑧父親が「悪い男」の見本となっている

母親の生き方は、女の子にとってのモデルになるとお話ししました。

では、父親はどうでしょう?

ズバリ、娘さんが男性を選ぶときの見本となります。

もしも、父親が支配的で権力主義的な人であったら、似たような男性を選ぶか、もしくは、まったく反対のタイプを選ぶ可能性が高くなります。

また、父親がバリバリ働きすぎるワーカホリックであったら、これまた同じような男性を選ぶか、もしくは対極的な、稼げない男性を選ぶ可能性もあります。

だからといって、「父親こそが理想」というような完璧な男性であった場合も、ファザコンになりやすくなります。

何とも難しいものですね。

何よりも大切なのは、父親が男性として信頼できる存在だということを、日頃から見せていることです。

夫として、父親として、社会人として、それぞれについて責任と愛情をもち、誠実な生き方をしているかどうか?

あらためて振り返ってみるといいかもしれません。

⑨子どもを自分の親がわりにしている

思春期の女の子をもつ親が、とくに長女についつい頼ってしまい、家事や育児を手伝わせることはよくあります。

家族の一員として家の中で役割を設けることは大切ですが、本来、親の役割である下の子の世話や精神的な支えになることなどは、子どもに担わせてはいけません。

よくあるのは、母親自身がいい親に恵まれなかった場合、長女を無意識レベルで自分の親がわりのように感じて相談したり、頼ったりしてしまうことです。

娘は親に愛してもらいたい一心で、親のカウンセラーや親がわりを務めるかもしれません。

しかし、本来ならば娘自身が思春期の悩みで手いっぱいなはずです。

そのしわ寄せは、必ず何かの形となって表れます。

それはもしかすると、大人になり結婚し、夫の母親がわりになる未来かもしれませんし、暴力を振るわれても、夫から離れられない未来かもしれません。

くれぐれも気をつけてください。

⑩基本的な礼儀やマナーを身につけさせていない

挨拶ができない、食事のマナーを知らない、電車の中でメイクをする、敬語がほとんど使えない……。どれも、今の若い女性には、「あるある」なことばかりかもしれません。

しかし、見ている人は見ているもので、陰では「お里が知れる」「ちょっとあの子には任せられないなあ」などと、肝心なところでチャンスを逃したり、損をしてしまうことになります。

真の女性らしさとは、キレイにメイクをすることや着飾ることではなく、品のいい言葉づかいや表情、やさしさや気づかいににじみ出るものです。

思春期の女の子は「うざい」「うるさい」と言いながらも、親からの注意を聞いており、頭の片隅にちゃんとしまっています。

どうぞ、たとえうるさがられても、品よく振る舞う方法を教えてあげておいてください。

⑪親自身が不幸である

何度もお話ししているとおり、親と子どもはつながっており、まるで合わせ鏡のように影響を及ぼし合っています。

また、どんなに反抗的な態度をとっていたとしても、親の幸せや健康を心の底で願わない子どもはいません。

そう、子どもを幸せにするためには、まず親が幸せでなければならないのです。

セラピーをしていて、「子ども時代に親が自分のために人生を犠牲にしていたことが、嫌でたまらなかった」と言う人は、驚くほどたくさんいます。

親が子どもの人生に責任をもつのは当たり前のことですが、そのために自分が不幸になり、かつその責任を子どもが感じてしまうような生き方はしないでください。

親が親になれたことを喜び、自分の人生の目標に向かって生きている姿こそが、子どもにとっては安心して大人になっていくうえでの最大の力になるのです。

3 親が癒されると、自然と子どもの問題は解決する

思春期の女の子は、お父さんにとってはどう扱ったらいいものか、じつに悩ましい存在でしょうし、お母さんにとってはときに煙たい、ときに頼りになる存在ではないかと思います。

女の子もまた、それまで「大好きなお父さんとお母さん」だった存在が、徐々に１人の男性、１人の女性として見え始めるようになるのですから、受けとめきれない思いがたくさん出てくることでしょう。

そんな親子関係だけでも微妙なのに、思春期の女の子にとって外の世界はハプニングやトラブルの連続。

何かしらの問題が日常的に発生しています。

まさに、親にとっても子どもにとっても、思春期は大きな変動のときだと言えるでしょう。

逆に言えば、この思春期を上手に乗り越えていくことができれば、子育ても、女の子の大人に向けての脱皮も、ひとまずは安心といったところです。

この本では、思春期の女の子が抱えがちな問題を潜在意識の観点からアプローチし、親がとるべきスタンスについてお話ししてまいりました。

各章、各項目のどれもが、私の長年にわたる親子関係の心理セラピーによって得た分析から抽出したものです。

そして、各章の終わりには、親であるお父さん、お母さんの潜在意識を癒すためのワークを添えさせていただきました。

なぜなら私自身、20年にわたる潜在意識に注目する独自の心理セラピーを通して、親が癒されると、自然と子どもの問題が改善、解決してしまうという現象を目の当たりにしてきたからです。

一見、狐につままれるような、怪しげな話のようですが、じつはちゃんとした根拠があります。

序章でもお話ししたように、交流分析という心理学では、「人は人生の早期における親とのかかわり方によって、『このように生き、このように死んでいこう』という、まるで映画やドラマの台本のようなものを無意識に描いてしまう」と言われています。

これは「人生脚本」と呼ばれ、実際、人は大人になってからも知らず知らずのうちに、その脚本どおりに生きてしまうのです。

それほど、私たち人間は親から影響を受けて生きているということですね。

とくに子どもが小さい頃は、親と子どもはまるで一対の人間のように、思考や感情、行動を共有し、生きていくものです。

だから、小さな子ども時代は、親と子どもはつながっているとも言えます。

そして、それは肉体的な意味ではなく、精神的な意味においてです。

つまり、目には見えない潜在意識レベルでのつながりです。

親が心に何らかの傷を負っていた場合、その傷が形を変えて子どもにも影響を及ぼすのは、そのためです。

もちろん、親も子どもも、そんなことには気づいていません。

だから、子どもが何らかの問題を抱えたとき、その問題の原因が、親の心の深いところにある傷だということにも気づかないのでしょう。

親は一生懸命、子どもの問題を解決しようとして、その原因や解決方法を外部に求めるものです。

しかし、それはその時々の対症療法に他ならないというのが、私個人の見解です。

もちろん、外部に交渉したり、環境を整えたりすることは大切ですし、親としてやらなければならないことです。

しかし、それと同時に、根源的な問題にも目を向け、その解決に着手する機会があれば、その後、次々と問題が起こることは少なくなるはずです。

ぜひ、ご自身の心の傷と向き合ってみてください。

あなたの心が癒され、真に豊かで幸せな人生を手に入れたとき、お子さんの問題もまた改善、解決する可能性はとても高くなるのです。

あなたが、お子さんに負けないくらい、人生をエンジョイし、自分自身を大切にしながら生きていかれることを心よりお祈り申し上げます。

おわりに　親が幸せになれば、きっと子どもも幸せになります――

最後までお読みいただきまして、どうもありがとうございます。

私の娘に「親としては好きだけど、人としてはあまり好きじゃない」と言われて、大きなショックを受けてから十数年の歳月が流れました。

今、思春期の娘さんのことで悩んだり、苦しんでいるあなた。

本当に、本当にご苦労さまです。

いつでも、どんなときでも忘れることはない。世の中のすべての悪から、どんなことをしても守りたい。「苦しんでいる姿を見るくらいなら、自分が変わってやりたい」と思う。

親というのは、いったいどれほど子どものことを愛しているものなのでしょう。

しかし、子どもを産んだから、あるいは産まれたから、親になるわけではありません。

毎日、ともにすごし、自分の人生の時間やエネルギーを分け与えて育てたからこそ親になるのです。

そこには、血のつながりなど関係ありません。

「この世に、自分以上にこの子のことを愛し、幸せを願う存在はいない」

そう思える人が、その子にとっての本当の親です。

だから、思春期の娘さんが今、未熟さゆえに、親であるあなたに背を向けても動じる必要はありません。あなた自身が、親であることに自信さえもっていれば、それでいいのです。

数年ほど前に、出張で福岡に行く飛行機が乱気流によって嘘のように揺れました。

乗客たちの顔色は明らかに変わり、機内には緊張が続きました。

私は、とっさにＬＩＮＥで、娘に「飛行機が墜落するかも。幸せになりなさい」と遺言しました。するとしばらくして、娘からＬＩＮＥが届き、「けっこう好きだったよ」（ふざけたペンギンのスタンプ）が届きました。

「照れ屋の娘らしいな」と思わず笑ってしまいましたが、なぜだか涙が出てきました。

この本であなたにお願いしているのは、愛していることを娘さんにしっかり伝えることと、親であるあなた自身が、娘さんと同じくらい幸せになることの2つです。

なぜなら、子どもは、親が子どもを思う気持ち以上に親を思っているものだからです。

親は子どもを育てることによって親になりますが、子どもは産まれながらにして、あなたを誰よりも愛し、信じている、そんな生き物だからです。

そう、あなたが幸せでなければ、子どもは本当の意味で幸せにはなれないのです。

だから、どうぞあなた自身が人生を楽しんでください。

うんと幸せになってください。

この本は、少しでもそのお手伝いをしたいという思いから書かれた本なのです。

最後に、いつも誠実で真摯に対応してくださる大和出版のみなさまに心から感謝いたします。

とくに、この本を提案し、世に出してくださった大和出版の竹下さんのお子さんたちへの思いは、私がこの本を書く大きなエネルギーとなりました。感謝してもしきれません。

そして、最後の最後に、娘へ。

思えば、あなたのユーモアとやさしさにどれほど助けられてきたことか。

本当にどうもありがとう。いつか、「けっこう」じゃなくて、「うんと」好きだよと言ってもらうことが、お母さんの人生の目標です。

いつも見守っているから、好きに生きなさい。


親と子の心理コミュニケーション協会　代表　中野日出美

口に出せない気持ちをわかってほしい
思春期《ししゅんき》の女《おんな》の子《こ》が親《おや》に求《もと》めていること

2018年 8月10日　初版発行
2024年 8月 8日　4刷発行

著　者……中《なか》野《の》日《ひ》出《で》美《み》
発行者……塚田太郎
発行所……株式会社大和出版
東京都文京区音羽1-26-11　〒112-0013
電話　営業部03-5978-8121／編集部03-5978-8131
https://daiwashuppan.com
印刷所……信毎書籍印刷株式会社
製本所……株式会社積信堂

ISBN978-4-8047-6303-3